袁 欣 著

国际贸易问题研究：理论与现实

RESEARCH ON INTERNATIONAL TRADE :
THEORY AND PRACTICE

中国财经出版传媒集团

经济科学出版社
Economic Science Press

图书在版编目（CIP）数据

国际贸易问题研究：理论与现实／袁欣著 . —北京：
经济科学出版社，2019. 11
ISBN 978 - 7 - 5141 - 7718 - 3

Ⅰ. ①国…　Ⅱ. ①袁…　Ⅲ. ①国际贸易 - 研究
Ⅳ. ①F74

中国版本图书馆 CIP 数据核字（2016）第 325623 号

责任编辑：杜　鹏　王冬玲
责任校对：隗立娜
责任印制：邱　天

国际贸易问题研究：理论与现实
袁　欣　著
经济科学出版社出版、发行　新华书店经销
社址：北京市海淀区阜成路甲 28 号　邮编：100142
编辑部电话：010 - 88191441　发行部电话：010 - 88191522
网址：www. esp. com. cn
电子邮箱：esp_bj@ 163. com
天猫网店：经济科学出版社旗舰店
网址：http: //jjkxcbs. tmall. com
固安华明印业有限公司印装
710×1000　16 开　12 印张　210000 字
2019 年 11 月第 1 版　2019 年 11 月第 1 次印刷
ISBN 978 - 7 - 5141 - 7718 - 3　定价：58. 00 元
（图书出现印装问题，本社负责调换。电话：**010 - 88191510**）
（版权所有　侵权必究　打击盗版　举报热线：**010 - 88191661**
QQ：**2242791300**　营销中心电话：**010 - 88191537**
电子邮箱：**dbts@ esp. com. cn**）

前 言

这本书是我这些年在国际贸易问题研究领域的一个总汇。

学术研究的根本目的，在于发现真理、创造知识，或是就某一理论问题阐发新的见解，或是对某一现象提供可信的解释。但是在学术行为职业化、学术成果数量化的今天，学术研究活动俨然已经成了一项计件工种。学术工具日渐形式化，学术形式日渐规范化，而学术内容却越来越空洞，学术研究也越来越难以产生新东西。

在经济学领域，这尤为明显。第一，泡沫化。学术成果很多很多，每年的论文数量汗牛充栋，但大多数是"小土炉炼钢"，发表出来的东西其实是些"铁疙瘩"。第二，故作高深。用复杂无比的工具，说明简单无比的问题，美其名曰"方法先进"，简洁不被认为是美的，反而被看成是水平低的。第三，故弄玄虚。有话不好好说，用含义不清不知所云的偏僻生冷术语，解释基本常识，本来明明白白的道理被解释得不知所云。第四，"霸王硬上弓"。没有对研究对象产生新的认知，但还要"憋"出研究成果来，不得不"为赋新词强说愁"，于是"饾饤"之学泛滥，甚至"伪问题"盛行。

总之，祸枣灾梨！

当然，也不全是这样，"面向真实世界的经济学"还是有的。只不过从事这样的研究，成本大，代价高，出真实成果的偶然性强，成果显示度在当下的学术评价体系里却不一定很耀眼。而且，当信息垃圾泛滥的时候，正确的思想，反而往往被淹没了。

但是，"事含妙理总堪寻"。探究，本身就是很有意思的！

这本书一共有六个专题，六个专题可以分成两大部分。前三个专题基本属于理论阐释部分，与理论阐释相关的对贸易实践活动的分析，也归于相应的专题之内。这部分提出了几个原创性的理论观点：

（1）用政治经济学的劳动价值论阐释了国际商品价值和国际商品价格是由"世界劳动的平均单位"决定的。

（2）从产业链和生产要素的角度阐释了加工贸易是一种以劳动力为基础的生产要素贸易，其本质是一种特殊形式的"劳务输出"。

（3）从理论上厘清了产业结构与对外贸易结构之间"原像"与"镜像"的耦合关系，并分析了在中国实践中两者背离的原因。

（4）倾销在本质上只不过是市场分割条件下需求弹性不一致引致的国际价格歧视，或是生产者在模仿生产阶段为扩大产量而产生的必然现象。反倾销则是一种合法的贸易保护主义工具。

（5）服务外包在本质上是一种以高端劳动力为基础的生产要素贸易。中国承接国际服务外包不能自动延续加工贸易曾经出现的奇迹。

（6）外包是企业边界的收缩和市场边界的扩张，企业边界有规模边界、能力边界、成本边界三个维度，外包的安全边界位于企业的能力边界处。

本书后三个专题属于国际贸易特征事实的解释部分，先是对中国对外贸易过程中部分现实问题的剖析，然后分别对日本和中国近代时期部分贸易现象进行了分析。这部分的主要内容包括：

（1）中国对外贸易管理体制经历了一个"重心向下"的演进路径，演化既是一个"自然选择"过程，又是一个"适应性学习"的过程，两种经济演化机制彼此交叉地发挥着作用。

（2）中美之间客观存在的贸易不平衡是当代国际产业分工和两国比较优势差异的结果，其与贸易利益无关。

（3）中国的经济性质是转型中的市场经济，其市场性还有待于完善和提高。

（4）日本在19世纪末20世纪初这段时间的"进口替代"型经济增长和20世纪50~70年代的"出口导向"型经济发展，是各种经济条件综合作用的结果，对中国的对外贸易实践有极大的借鉴意义。

（5）中国近代时期的综合贸易条件指数整体呈下降趋势，说明中国在对外进行商品交换过程中的相对经济利益是不断下降的。贸易条件的变动主要是由贸易结构的变化引起的。

（6）中国近代时期的对外贸易结构清晰的反映工业"进口替代"的存在，对外贸易还影响了中国消费结构的变迁，促进了中国经济的资本形成。

上述研究内容，有些研究结论的形成时间较早。这次整理成书，有些保存了原貌，有些则作了必要的修改。

袁　欣

2019 年 9 月于广州

目 录

第一章

国际贸易理论发凡

第一节 国际价值与国际价格：劳动价值论的解释

马克思在劳动价值理论中对于商品的国民价值向国际价值转移的内在机制及相关理论没有形成系统的论述。进一步的研究表明，商品的国际价值量由"世界劳动的平均单位"决定，并且只有进入国际市场的那一部分商品才具备国际价值量的属性。遵循价格围绕价值波动的基本原理，国际价格也是围绕国际价值波动的。在国际贸易利益的分配上，参与国际贸易的商品可以获取国际价值和国际价格的双重利益。

国际价值论是马克思主义劳动价值论的一个重要方面。近年来随着国际经济关系的新发展，以国际价值论为基础研究国际贸易成因及贸易利益分配已经成为马克思主义政治经济学研究所无法回避的问题，但迄今为止这方面的研究仍不完整，观点仍不统一。本章拟从马克思劳动价值论基本原理和马克思本人提供的思想线索出发来讨论国际价值理论及相关问题。

一、国际价值概念的理论意义

按照马克思主义政治经济学的基本原理，商品的交换归根到底受价值规律的支配，商品在国际市场上的交换自然就受国际价值规律作用的支配。而国际价值规律的作用前提首先是商品的国民价值向国际价值转移的问题，因为没有商品的国民价值向国际价值的转移，也就不会产生国民价格和国际价格的差异，对外贸易也就不会存在，由此所产生的一切国际经济关系也就无从谈起。

马克思本人很早就对国际贸易和世界市场问题极为关注，并高度评价国际贸易的历史意义。早在1848年马克思在《共产党宣言》中指出："美洲的发现、绕过非洲的航行，给新兴的资产阶级开辟了新天地。东印度和中国的市场、美洲的殖民化、对殖民地的贸易、交换手段和一般商品的增加，使商业、航海业和工业空前高涨，因而使正在崩溃的封建社会内部的革命因素迅速发展"[1]。在《资本论》第三卷中，马克思指出："对外贸易的扩大……在资本主义生产方式的发展中，由于这种生产方式的内在必然性，由于这种生产方式要求不断扩大市场，它成为这种生产方式本身的产物"[2]。在《剩余价值理论》第三卷中，马克思强调："只有对外贸易，只有市场发展为世界市场，才使货币发展为世界货币，抽象劳动发展为社会劳动"[3]。

马克思曾经把对外贸易和世界市场等问题作为其政治经济学理论体系中的一个重要组成部分，在早期的"六册计划"中，马克思设计的第五册和第六册的题目分别是《对外贸易》和《世界市场》，在1858年给拉萨尔的信中，马克思指出："整个著作将分成六分册，不过我并不准备每一分册都探讨得同样详尽；相反地，在最后三册中，我只打算作一些基本的叙述，而前三册专门阐述基本经济原理，有时可能不免要作详细的解释"[4]。马克思在按照"六

---

[1] 中共中央马克思恩格斯列宁斯大林著作编译局. 马克思恩格斯选集（第1卷）[M]. 北京：人民出版社，1995.

[2] 马克思. 资本论（第3卷）[M]. 北京：人民出版社，1995.

[3] 马克思恩格斯. 马克思恩格斯全集（26卷Ⅲ）[M]. 北京：人民出版社，1975.

[4] 中共中央马克思恩格斯列宁斯大林著作编译局. 马克思恩格斯全集（29卷）[M]. 北京：人民出版社，1975.

册计划"写作过程中，感到在他有生之年难以完成这一宏大的研究规划，只能完成属于"基本原理"部分的第一册《资本》，这是处于理论核心的部分，也是最难论述的部分，"这一卷的内容就是英国人称为'政治经济学原理'的东西。这是精髓（同第一部分合起来），至于余下的问题（除了国家的各种不同形式对社会的各种不同的经济结构的关系以外），别人就容易在已经打好的基础上去探讨了。"① 1863 年 8 月马克思又以"资本论"为题提出了理论核心部分的四卷结构计划，其中第一卷为资本的生产过程，第二卷为资本的流通过程，第三卷为资本主义生产的总过程，第四卷为理论史，即我们今天所看到的《资本论》三卷和《剩余价值理论》三卷的基本内容。在《资本论》《剩余价值理论》以及卷帙浩繁的经济学手稿中，马克思有关对外贸易、国际价值等问题有零星的精辟而深刻的评论，但马克思本人没有完成他的研究计划，没有详尽地在《资本论》"可能的续篇"中对商品的国民价值向国际价值转移的内在机制形成全面系统的论述。

马克思主义经典理论的其他作者囿于他们所处的时代条件也没有将这一领域的研究进行深化和拓展，20 世纪前民主德国的马克思主义经济学家科尔梅和法籍希腊的马克思主义经济学家伊曼纽尔分别在国际价值和国际交换方面做了一些开拓性的理论贡献，但截至目前仍未形成绝大多数经济学家所普遍接受的国际价值理论。

二、国民价值向国际价值的转化

商品的国际价值是在国别价值的基础上形成的。当资本主义生产关系无情地破坏了自然经济的基础，并把分散的地方市场连接成一个整体的全国市场，在这个整体的全国市场上，它所生产的商品的价值量都是由其抽象的社会必要劳动时间决定的。"社会必要劳动时间是在现有的社会正常的生产条件下，在社会平均的劳动熟练程度和劳动强度下制造某种使用价值所需要的劳动时间"②。现有的社会标准的生产条件，是指当时的一个生产部门大多数产品生产时已经达到的技术装备水平。但在社会标准生产条件下，由于生产者

---

① 中共中央马克思恩格斯列宁斯大林著作编译局. 马克思恩格斯全集（30 卷）［M］. 北京：人民出版社，1975.

② 马克思. 资本论（第 1 卷）［M］. 北京：人民出版社，1995.

的劳动熟练程度和强度不同，生产某种商品所花费的时间并不一样，在此情况下，价值就只能由社会的平均劳动熟练程度和强度，即中等的劳动熟练程度与强度决定。

随着对外贸易的发展，商品在国际间的流通使各个国内市场进一步联合成更扩大的国际市场，社会劳动获得了更加全面的发展，它不仅作为个别国家的劳动，而且作为世界上一切国家的劳动而出现。当商品交换变成世界性的交换，社会劳动便具有了普遍的国际性质，"真正的价值性质，是由国外贸易才发展的，因为国外贸易才把里面包含的劳动，当作社会的劳动来发展"①。所以，使国民劳动具有国际劳动或世界劳动的资格，同时使国民价值转化成国际价值，以国际分工为联系的世界市场的发展和形成是其首要的条件。

商品的国别价值量和国际价值量都是人类劳动的凝结物，尽管两者在量上是有差别的，这种量的差别所决定的价格不同导致了商品在国际间的流动，但两者在本质上是完全相同的。商品的国别价值既然由国别社会必要劳动时间决定，那么商品的国际价值自然就由国际社会必要劳动时间决定。"在一个国家内，只有超过国民平均水平的强度，才会改变单纯以劳动的持续时间来计量的价值尺度。在以各个国家作为组成部分的世界市场上，情况就不同了。国家不同，劳动的中等强度也就不同；有的国家高些，有的国家低些。于是各国的平均数就形成了一个阶梯，它的计量单位是世界劳动的平均单位"②。这个"世界劳动的平均单位"可以看作是世界的或国际的社会必要劳动时间，国际价值量就是这个"世界劳动的平均单位"所决定，因为马克思在1861～1863年《经济学手稿》中曾提示："棉花的价值尺度不是由英国的劳动小时，而是由世界市场上的平均必要劳动时间来决定。"③但是"世界劳动的平均单位"到底如何计量，马克思认为："强度较大的国民劳动比强度较小的国民劳动，会在同一时间内生产更多的价值，而这又表现为更多的货币。"④马克思又指出："投在对外贸易上的资本能提供较高的利润率，首先因为这里是和生产条件较为不利的其他国家所生产的商品进行竞争，所以，比较发达的国家高于商品的价值出售自己的商品，虽然比它的竞争国卖得便宜。只要比较发

---

① 中共中央马克思恩格斯列宁斯大林著作编译局．马克思恩格斯全集（26卷Ⅲ）［M］．北京：人民出版社，1975．

②④ 马克思．资本论（第1卷）［M］．北京：人民出版社，1995．

③ 中共中央马克思恩格斯列宁斯大林著作编译局．马克思恩格斯全集（47卷）［M］．北京：人民出版社，1975．

达的国家的劳动在这里作为比重较高的劳动来实现，利润率就会提高，因为这种劳动没有被作为质量较高的劳动来支付报酬，却被作为质量较高的劳动来出售。对有商品输入和输出的国家来说，同样的情况也都可能发生"[1]。马克思还强调："价值规律在国际上的运用，还会由于下述情况而发生更大的变化：只要生产效率较高的国家没有因竞争而被迫把它们的商品的出售价格降低到和商品的价值相等的程度，生产效率较高的国民劳动在世界市场上也被算作强度较大的劳动"[2]。但马克思并没有清楚地阐述"世界劳动的平均单位"的计量方法。

科尔梅最重要的理论贡献之一就是在《卡尔·马克思的国际价值论》一文中为"世界劳动的平均单位"找到了一种计量方法，科尔梅认为国际价值量的近似值可以这样来计量："一个'世界劳动的平均单位'等于一个单位的国际价值，一种商品的国际价值就是各国生产该商品所需的国内社会必要劳动时间的加权算术平均数，权数是该商品的各国出口量，或者是各供出口的生产量"[3]。科尔梅的观点表明了：只有进入国际市场的那一部分商品才实现了国民价值向国际价值的转移，也就具有了国际价值量，尚未进入国际市场的那一部分商品并没有实现国民价值向国际价值的转移，也就不具备国际价值量的属性。结合前引马克思原文中"投在对外贸易上的资本能提供较高的利润率"这一线索，科尔梅的观点是符合马克思的原意的，是正确的。

接下来的问题就容易理解了。在一国内部，个别价值量高于社会价值量的部分不能算作"正常质量的劳动"，是无法实现的，只有个别价值量低于社会价值量的部分构成利润。同样在国际经济中，国别价值量高于国际价值量的部分也不能算作"正常质量的劳动"，也是无法实现的，它实际反映了国际范围内生产的低效率，只有国别价值量低于国际价值量的部分才构成国际贸易的利润，它成为生产效率较高国家进行国际贸易所实现利益的一部分。

我们可以把国际价值的计量问题进一步发挥，进入国际市场的那一部分国际价值量除了受劳动生产率和劳动强度的影响外，还与贸易国的贸易量即

---

[1] 中共中央马克思恩格斯列宁斯大林著作编译局. 马克思恩格斯全集（26卷Ⅲ）［M］. 北京：人民出版社，1975.

[2] 马克思. 资本论（第1卷）［M］. 北京：人民出版社，1995.

[3] 丛培华. 国际价值论［M］. 北京：中国对外经济贸易出版社，1994.

世界市场联系的广度和深度密切相关。如果绝大多数的国际贸易商品由大致相同的正常的国家社会必要劳动时间生产出来，则国际社会必要劳动时间就与生产该商品的各个国家的社会必要劳动接近，在此情况下商品的国别价值与国际价值基本吻合。如果国际市场上某种商品的总量中绝大部分是在比较差的条件下生产的，尽管该商品在另外一些国家所占用的社会必要劳动时间很少，但另外一些国家的贸易量在国际市场上所占份额太小，该商品的国际社会必要劳动时间仍由生产条件较差但其贸易量占主导地位的国家的社会必要劳动时间所决定，商品的国际价值与该商品在主要贸易国的国民价值相接近。如果国际市场上某种商品的总量中绝大部分是在比较好的条件下生产的，尽管该商品在另外一些国家所占用的社会必要劳动时间很多，但另外一些国家的贸易量在国际市场上所占份额太小，该商品的国际社会必要劳动时间就由生产条件较好且其贸易量占主导地位的国家的社会必要劳动时间所决定，商品的国际价值与该商品在主要贸易国的国民价值相接近。

三、国际价格围绕国际价值的波动

国民价值一旦转化成为国际价值，国际价格便出现了。"一个国家的资本主义生产越发达，那里的国民劳动的强度和生产率就越超过国际水平。因此，不同国家在同一劳动时间内所生产的同种商品的不同量，有不同的国际价值，从而表现为不同的价格"①。至于国际价值是如何转化为国际价格的，马克思也没有展开论述。

我们知道，商品的价值是用货币来表现的，价值的货币表现就是价格，价格水平的高低首先取决于商品价值量的大小，价格水平的变动也首先取决于商品价值量的变化，价值是价格的内容和客观基础，价格是价值的表现形式。价格表现价值，不仅取决于商品的价值量，而且取决于货币本身的价值量。商品的价格水平不仅取决于商品价值和货币价值量的变动，而且与商品的供求关系密切相关。价格围绕价值上下波动，正是价值规律在价值实现中的表现形式。

---

① 马克思.资本论（第1卷）[M].北京：人民出版社，1995.

"商品国际价格是指世界市场上形成的实际买卖所依据的价格"①，国际价格最终由国际价值所决定，商品国际价值量的货币形式就表现为商品的国际价格。因为货币本身的价值量不断发生变化，商品的国际价格就有了实际国际价格和名义国际价格的区分，名义国际价格是货币币值变化所导致的对实际国际价格的背离。但在这里，我们假定货币价值量保持不变的前提下展开下面的论述。

国际价格受国际市场的供需变化的影响，它往往与国际价值相背离，或者高于国际价值，或者低于国际价值。同时，国际市场垄断程度可能比国内市场垄断程度高，自由竞争规律受到更大的抑制，供求基本关系更加扭曲，国际价格与国际价值发生背离的程度会更严重。

但是国际价格对国际价值的背离不是无限的，而是有一个确定的波动空间。其下限在哪里呢？就在前引文中"只要生产效率较高的国家没有因竞争而被迫把它们的商品的出售价格降低到和商品的价值相等的程度"中的那个"和商品的价值相等的程度"，即生产费用加平均利润。其上限则很难确定，一般取决于世界市场上对该商品需求的价格弹性，当市场需求是缺乏价格弹性时，国际价格上升不会带来国际需求量的锐减，其上限较高；当市场需求富有价格弹性时，国际价格上升会造成国际需求量下降，影响总的国际超额利润水平，因此其上限较低。

四、国际贸易利益问题

至于国际贸易过程中的利益分配问题。马克思直截了当指出这是一个"比较富有的国家剥削比较贫穷国家"的国际剥削问题②。马克思认为："在现代的社会条件下，到底什么是自由贸易呢？那就是资本的自由。排除一切仍然阻碍着资本前进的民族障碍，只不过是让资本能充分地自由罢了。不管一种商品交换另一种商品的条件如何有利，只要雇佣劳动和资本的关系继续

---

① 吴树青，卫兴华，洪文达. 政治经济学（资本主义部分）［M］. 北京：中国经济出版社，1999.

② 中共中央马克思恩格斯列宁斯大林著作编译局. 马克思恩格斯全集（26 卷Ⅲ）［M］. 北京：人民出版社，1975.

存在，就永远会有剥削阶级和被剥削阶级存在"①。因此，对于自由贸易的本质，马克思强调："不要受自由这个抽象字眼的蒙蔽！这是谁的自由呢？这不是一个普通的个人在对待另一个人的关系上的自由。这是资本压榨劳动者的自由"②。对于当时社会条件下国际分工的后果，马克思也指出："这种贸易在主要出口原料的国家里却加深了群众的贫困。不仅是政府为了发展铁路而借的新债务增加了压在群众身上的赋税，而且从一切土产能够变成世界主义的黄金的时候起，许多以前因为没有广阔的销售市场而很便宜的东西，如水果、酒、鱼、野味等，都变得昂贵起来，从而被从人民的消费中夺走了；另一方面，生产本身（我指的是特殊种类的产品）也都按其对出口用途的大小而有所变化，而它在过去主要是适应当地的消费的……"③。国际剥削的形成与"在每一个国家内，一个阶级是如何牺牲另一阶级而致富的"④如出一辙。

1969 年伊曼纽尔出版的《不平等交换：贸易帝国主义》一书以李嘉图比较成本和社会分工理论为基础，建立了国民价格向国际价格转化的模型，揭示了国际交换中低工资国家向高工资国家的价值转移现象。伊曼纽尔认为："在国际交换中存在两种不平等：一是由于各国资本有机构成不同而引起的不平等；二是由于各国的工资率不同而引起的不平等"⑤。前一种不平等在形式上是较高的资本有机构成对较低的资本有机构成的剥削，实质上资本对劳动的剥削，在国际经济条件下就是发达国家的资本对世界市场范围内的劳动的剥削；后一种不平等在形式上则是较高的工资率的劳动对较低的工资率的劳动的剥削，实质上就是发达国家工人对欠发达国家工人的剥削，这里所说的"发达与欠发达"不是经济总体发展水平的概念，而是特指生产某种国际贸易商品相对的劳动生产效率，或者指该种商品所含有的价值量，劳动生产效率高或价值量低的国家在某种贸易商品的生产上就是发达国家，劳动生产效率低或价值量高的国家在某种贸易商品的生产上就是欠发达国家。因为马克思和伊曼纽尔所处的时代背景相差一百年，伊曼纽尔更强调后一种不

①②④　中共中央马克思恩格斯列宁斯大林著作编译局. 马克思恩格斯选集（第 1 卷）［M］. 北京：人民出版社，1995.

③　中共中央马克思恩格斯列宁斯大林著作编译局. 马克思恩格斯选集（第 4 卷）［M］. 北京：人民出版社，1995.

⑤　杨玉生. 不平等交换和国际剥削——伊曼纽尔不平等交换理论评述［J］. 当代经济研究，2004（12）.

平等，"在所有其他条件相等的情况下，工资的不平等是引起不平等交换的唯一原因"①。

运用上述国民价值向国际价值的转移、国际价格对国际价值的背离等原理。我们认为：贸易利益从欠发达国家向发达国家转移的过程中，发达国家参与国际贸易的商品可以获取双重的利益。第一，当国际价值大于国民价值（即国别价值低于国际价值）时，商品在国际市场上的交换受国际价值规律的支配，贸易参与国可以从中获利，即国际价值利益。第二，当国际价格高于国际价值时，商品在国际市场上的交换又可以获取国际价格背离国际价值部分的利益，即国际价格利益。国际贸易商品的最终获利水平取决于这两者之和。用公式表示为：

$$Pw = Pv + Pp$$

其中：Pw 表示在国际市场上出售商品获取的利益；Pv 表示国际价值大于国民价值的部分；Pp 表示国际价格高于国际价值的部分。

国际贸易过程中不排除这样一种情况，商品的国际价格低于国际价值，即上述公式中 Pp < 0，Pp 为国际价格背离国际价值的利益损失，但只要商品的国际价值大于国民价值的部分足以抵消商品的国际价格背离国际价值的利益损失，即 Pv > |Pp|，商品的国际价格低于国际价值的贸易国仍然可以在国际贸易过程中获取利益。

同样，对于那些国民价值高于国际价值的不发达国家来说，即 Pv < 0，以国际价值折合的出口商品所实现的国民价值量会低于商品在国内出售时所实现的国民价值量，但这并不妨碍劳动生产率低的国家利用国际价格与国际价值的差额来获取比较利益，只要 Pp > |Pv|，商品的国际价值低于国民价值的贸易国仍然可以在国际贸易过程中获取利益。

通过对国际贸易利益的分析，进一步揭示了当代主流国际贸易理论中静态李嘉图比较优势理论的缺陷，即按照比较优势进行国际分工存在着实质性的不平等交换问题。

---

① 伊曼纽尔. 不平等交换［M］. 中国对外经济贸易出版社，1988.

第二节　加工贸易的本质：产业链和生产要素的分析视角

> "加工贸易"作为中文语境下的一个概念，其基本含义是以"保税"为特征的一种贸易方式，它是在国际产业链"碎片化"产业条件下的一种国际间的产品内贸易。加工贸易与一般贸易的区别，在于加工贸易不是一种全要素贸易，而是一种以劳动力为基础的生产要素贸易，其本质是一种特殊形式的"劳务输出"。加工贸易的广泛存在，使中国对外贸易在结构上呈现出"虚幻性"。通过辨析加工贸易的特征，有助于我们更准确地理解中国的贸易现实。

从产业链和生产要素的角度考察加工贸易这种特殊的贸易方式的本质特征，所获得的基本思想是：加工贸易是一种以劳动力为基础的生产要素贸易。常规意义上对外贸易是全要素特征的，加工贸易显然不具备全要素特征。加工贸易表面上是一种贸易方式，而实质上是一种"劳务输出"方式。还原加工贸易的"劳动力流动"本质，是对与加工贸易有关的一系列问题展开正确讨论的前提。

一、概念的厘定

加工贸易从来没有成为世界主要发达国家的核心经济内容，也就很难被纳入西方经济学界的主流学术分析视野。因此，当代西方经济学的学术文献专门针对加工贸易的研究少之又少。中国虽然不是"加工贸易"这种经济活动的创始者，但"加工贸易"从概念的产生，到经济活动的广泛实践，确实与中国改革开放以来外向型经济发展的现实密切相关。

"加工贸易"这个提法，是伴随着中国20世纪90年代确立了市场经济的体制后，为方便贸易统计而创立的。在1988年由原外经贸部和国家统计局联合发布《对外贸易业务统计制度》中，"进料加工"还被包含于"一般贸易"

之中，"来料加工装配"则是一种与"一般贸易"平行的贸易方式。到了1994年上述两部门修订后的《对外贸易业务统计制度》中，"进料加工"脱离"一般贸易"而与"来料加工、装配贸易"平行单列。2004年中国海关总署发布的《中华人民共和国海关对加工贸易货物监管办法》明确规定："加工贸易，是指经营企业进口全部或者部分原辅材料、零部件、元器件、包装物料，经加工或者装配后，将制成品复出口的经营活动，包括来料加工和进料加工。"此后，海关总署分别于2008年和2010年两度修订该办法，但对于加工贸易的定义都没有变化。

作为中文语境下的一个概念，"加工贸易"在英文中并没有准确的术语与之相对应，现在通行的译法是 Improvement Trade 或 Processing Trade。但是，这两者所表达的含义并不完全相同，Improvement 是"改进""改善"的意思，Processing 的动词原形 Process 是"加工""处理"的意思，因此，Processing Trade 的译法似乎更接近"加工贸易"的含义。

"加工贸易"与我国港台地区所说的"垂直专业化贸易"也不完全相同。台湾学者陈宏易将"垂直专业化贸易"定义为："一国自他国进口中间产品作为本国产品的中间投入，通过国内的加工制造后再将最终产品出口的贸易形态"[1]。从理论上说，"垂直专业化贸易"的内涵比"加工贸易"要宽泛。只有"垂直专业化贸易"的中间产品和最终产品在贸易进出口过程中不涉及"关税"这个环节时，"垂直专业化贸易"才与"加工贸易"相同。在台湾出口加工区这类自由贸易区和香港这个国际自由港，所有货物进出口都不涉及"关税"问题，"垂直专业化贸易"与"加工贸易"在实践上自然是一致的。

在汉语语境中，"加工贸易"有时又与"代工"相混淆。"代工"在英语中也没有与之相对应的概念，通常的译法是 OEM（original equipment manufacturer），直译为"原始设备制造商"，其基本含义是品牌所有者不直接生产产品，而是将生产任务通过合同订购的方式委托生产同类产品的其他厂家进行，之后品牌所有者将所订购产品买断并直接贴上自己的品牌商标进行销售。这种委托他人生产的合作方式中，承接生产任务的制造商被称为 OEM 厂商，其生产的产品被称为 OEM 产品。如果，品牌所有者与 OEM 厂商不在同一个国家，它确实与"加工贸易"有某些相似。但在本质上，OEM 不考虑国境问

---

① 陈宏易. 从国际垂直分工的观点探讨台湾贸易形态及其变动 [D]. 台湾地区"中央研究院"经济研究所，2001.

题，加工贸易也不考虑品牌问题，两者有交集，但并不完全统一，以"代工"来指"加工贸易"，纯属概念上的误植。必须指出的是，2000 年以来，中国的加工贸易中以 OEM 形式所出现的比重越来越高，加工贸易与 OEM 的交集越来越大。典型的代表是，在大陆的台资企业富士康公司为美国 Apple Inc. 贴牌代工 iPad 和 iPhone 系列产品，多是以加工贸易的形式进行的。

"加工贸易"既然是"保税"的，相应地会受到有别于一般贸易的特殊监管。《中华人民共和国海关对加工贸易货物监管办法》规定，凡是涉及加工贸易活动的各类企业，都必须经过海关注册登记；凡是加工贸易货物必须专料专用，进口料件不得串换，其存放场所也必须经过海关备案；加工贸易货物还必须实行担保制度，且不得抵押。上述《办法》根据料件和成品的所有权以及进出口收付汇方式的不同，将加工贸易分为"来料加工"和"进料加工"两种形式。"来料加工，是指进口料件由境外企业提供，经营企业不需要付汇进口，按照境外企业的要求进行加工或者装配，只收取加工费，制成品由境外企业销售的经营活动。""进料加工，是指进口料件由经营企业付汇进口，制成品由经营企业外销出口的经营活动。"这里需要注意的是，同样是"保税"方式，但加工贸易并不包括补偿贸易。补偿贸易是指由国外厂商提供或者利用国外出口信贷进口生产技术或设备，由我方进行生产并返销其产品以分期偿还对方技术、设备价款或贷款本息的交易方式，包括经批准使用该企业（包括企业联合体）生产的其他产品返销对方的间接补偿方式。补偿贸易这种以物抵债的性质，决定了它本质上是一种融资租赁方式。

二、加工贸易存在的产业条件

加工贸易这种贸易方式所存在的产业条件，植根于当代国际制造业的产业组织特性之中。

1. 当代国际产业链的基本特征

第一，当代产业链的空间性获得了极大的延伸。产业链是一条空间性的链。早期产业链诸环节之间在空间上具有强烈的聚集特征。空间聚集有利于产业链上各企业之间的物流传递和信息沟通，从而降低生产成本。但是今天，作为物质流与信息流相统一的产业链，是信息流而不再是物质流决定了产业链的本质。现代信息技术的发展使得产业链的空间存在不再局限于某些特定地理区域内的上下游企业之间的产业集群，产业链上下游企业无论相距多远，产业链都可以通过一条无形的信息流将其统摄于一个经济整体之内。就是说，随着现代信息技术的发展，极大地降低了市场的交易成本，使得市场的范围大大地扩展了，市场突破了小范围的疆界限制，突破了国境和国界。许多产品的产业链是在一个世界市场上铺展开来的[①]。除了现代信息技术的发展，物流运输成本的下降也在这个产业活动国际化的过程中发挥了极大的作用。

第二，当代产业链呈现出"碎片化"的趋势。由于分工的细化，使得产业链的每一个产业链条变短了。产业链上下游之间的分工不再是产品之间的分工，而是同一产品不同生产环节之间的分工。细密的分工有利于更好地实现专业化生产，提高生产效率。它使得产业链在空间上不可避免地呈现出更加离散性的分布，也更加突显了信息流在产业链中的统摄作用。

第三，当代产业链的每一个部分之间不再是一种平等的链接关系，而是非对称的链接关系。产业链被分成了"链核"部分和处于附属地位的其他部分。"链核"部分科技含量高，在整个产业链中处于优势地位，决定或者支配着产业链中处于附属地位的其他部分。居于"链核"部分的企业——可以称之为"链主"——将处于附属地位的企业整合成一个"企业共同体"，这个"企业共同体"在当代企业管理理论中被称为"企业战略联盟（Entrepreneurial Strategic Alliances）"。一些大型的"企业战略联盟"跨越国界，在全球范围内主导形成了一种"大脑—手脚"的国际产业分工模式。

第四，与前述第三项特性密切相关，当代产业链中处于链主地位的核心企业日益呈现出"虚拟化"的趋势。核心企业掌握品牌，控制市场，主导定价权，垄断核心技术，把产品低附加值的加工制造环节通过业务外包方式向外转移（有些企业连核心技术都不需要具备了，典型的如 Dell Inc.，甚至 Apple Inc.）。核心企业早就不再是一个全流程全工序的无所不包的生产单位，而仅仅是这些流程和这些工序的通过市场关系并依赖信息流的操纵者和掌控者，其企业本来所具有的生产和制造的物理属性已经相当弱化甚至消失了。

2. 当代产业链特性对国际贸易的影响

当代产业链的上述特征导致了当今世界范围内"产业内贸易"的广泛发展。然而令人匪夷所思的是，19 世纪 60 年代国际经济学领域所兴起的产业内

---

① Kim, D. Global Production Networks: Knowledge Diffusion and Local Capabillity Fomation [J]. *Research Policy*, 2002: 1417 - 1429.

贸易理论，主要是对相同产品或相似产品之间所发生的相互贸易现象的成因所进行的解释①。对于同一产品的不同生产环节在不同国家之间的分布，产业内贸易理论没有进行相应的学理性的说明。当然，现代国际贸易理论也并不是完全忽略了同一产品的不同生产环节在不同国家之间的分布，在现代比较优势理论的高维模型中、在有关有效保护率的政策讨论中、在芬德利的奥地利模型中，对此亦有涉猎，但都是从中间产品的角度来论述的，而不是从产业链的角度来阐释的。Humphrey 和 Schmitz 最早对产业链内部不同环节的产业内贸易与相同产品或相似产品之间的产业内贸易进行了区分，他们将前者称为"产品内贸易"②。其实，同一产品不同生产环节的全球化布局，仍然遵循着比较优势理论的基本原理，即不同要素密集度的生产环节在不同要素丰裕度（也就是不同的生产要素禀赋）的国家和地区进行。当今世界，产业链上下游性质的"产品内贸易"规模早已经超过基于产品差异化的"产业内贸易"规模。或者说，产业链内的不同环节的"产品内贸易"已经超越相同或相似产业链的"产业内贸易"，而成为当代国际间产业内贸易的主流。这种"产品内贸易"的极端化形态，在中国则以加工贸易的形式广泛存在着。

三、加工贸易的性质判断

1. 国际贸易的生产要素特性

国际贸易到底交换的是什么？表面上是商品，实质上是生产要素。特拉维斯（Travis，1964）和凡奈克（Vanek，1968）将比较优势理论具体化，提出了国际贸易理论中著名的 HOV 模型，该模型实际上是用贸易中商品所包含的要素含量，对 HO 定理进行重新表述，将笼统的比较优势中的"优势"的具体内容明确为"生产要素禀赋"③④。现实中，生产要素的种类和性质总是千差万别的，这里所说的生产要素禀赋，当然不仅包括外生的禀赋如资本、

① 闫国庆，李汉君，陈丽静. 国际贸易思想史 [M]. 北京：经济科学出版社，2010.

② Humphrey J. , Schmitz H. How Does Insertion in Global Value Chains Affect Upgrading in Industrial Clusters [J]. Regional Studies，2002，36（9）：1017 – 1027.

③ Travis，W. P. *The Theory of Trade and Production*. Havard University Press，1964.

④ Vanek，Jaroslav. The Factor Proportions Theory：The N-Factor Case [J]. *Kyklos*，1968（21）：749 – 754.

劳动力、土地资源、技术水平等，也还包括内生的禀赋如技术创新能力、经济组织的适应能力等。

将现代比较优势理论中的"优势"明确为不同组合的"生产要素禀赋"后，对于商品贸易和要素流动之间的关系也就清楚了。简言之，如蒙代尔（Mundell，R. A.）所阐述的，商品贸易与要素流动之间存在着相互替代的关系①②。就是说，商品贸易与要素流动之间其实没有本质性的区别，所有的商品贸易在本质上都是生产要素贸易。现实中，贸易是以商品还是以生产要素的形式出现（以生产要素形式出现的贸易除了初级产品贸易外，还包括投资、劳动力流动、技术贸易等），取决于运输成本、贸易壁垒、交易成本、经济开放程度、国际移民政策等因素。

但是现实世界中的生产要素不都是可以流动的。在各种常规生产要素中，"土地—劳动力—资本"的流动性是渐次增强的，土地基本上是完全不可流动的，资本在当前的国际经济规则体系中已经不存在太大的流动障碍，而劳动力介于两者之间，一般是技能劳动力的流动性较强，非技能劳动力的流动性非常弱。正是非技能劳动力在国际间的不可流动性成为加工贸易形成的动因。

2. 加工贸易是一种以劳动力为基础的生产要素贸易

所有的对外贸易都是生产要素贸易，就是说对外贸易表面上交换的商品，实质上交换的是彼此不同的生产要素禀赋。加工贸易与一般贸易的不同在于，一般贸易反映了对外贸易生产者全部的生产要素禀赋；而加工贸易仅仅反映了对外贸易生产者局部的生产要素禀赋，即非技能劳动力禀赋，也就是劳动力的数量。

根据前述加工贸易的定义，加工贸易是由"进口原材料（来料或进料）—加工生产—出口产成品"三个环节组成的有机整体，缺少其中任何一个环节都不能称其为加工贸易。

---

①　Mundell，R. A.. International Trade and Factor Mobility［J］. *American Economic Review*，1957（47）.

②　蒙代尔（Mundell，R. A.）的阐述是建立在对外贸易产生于要素禀赋差异这一基础之上的。马库森（Markusen，"A Test of the Heckscher-Ohlin-Vanek Theorem: the Leontief Commonplace"，1983）其后提出，贸易的原因除了要素禀赋外，还包括报酬递增、税收、不完全竞争、技术差异等，当后者成为影响贸易的主要因素时，商品贸易与要素流动之间的关系就是互补的；早在 Markusen 之前，小岛清（Kojima，K.，"A Macroeconomic Approach to Foreign Direct Investment"，1973）在解释对外贸易与投资（即资本这一生产要素的流动）之间的关系时，就体现了这一思想。

那么，产品为什么不能由初始生产国直接进入最终消费国，而要经过一个第三国的加工生产环节呢？或者说，在"碎片化"的产业链上，这个"第三国的加工生产环节"为什么不在产品初始生产国进行，或者在产品最终消费国进行，而非要蔓延至第三国，从而使产业链的空间性更加离散呢？

原因在于，这个加工生产环节是一个低附加值且没有太高技术含量的环节，不论初始生产国还是最终消费国都缺乏相关的利益驱动。就如同在当代国际经济分工格局中"微笑曲线"所描述的，在制造业的前端是核心技术所控制的区域，在制造业的最后端是售后服务和技术维护所控制的区域，中间部分是加工装配区域，两端的产品（或工序）附加值较高，而中间的产品（或工序）附加值较低，产品附加值较低的部分不需要从业者具备太高的技术技能。从国际产业链的角度来看，就是产业链的"链主"部分和附属部分，分别是对应着的就是"初始生产国""最终消费国"和"加工生产国"。以Apple Inc. 的 iPad 或 iPhone 产品为例，这三个国家大致上分别对应的是日本、美国和中国。

假如非技能劳动力在世界范围内是可以流动的，那么非技能劳动力的流动就可以替代"加工贸易"这种贸易形式。劳动力可以向上游国家（如日本）流动，与其他生产要素结合生产商品直接出口到下游国家（如美国）；劳动力也可以向下游国家（如美国）流动，与上游国家（如日本）出口到下游国家的半成品结合生产出产成品就地销售。这样，经过中间国家（如中国）的加工贸易环节就不存在了。而现实中低端劳动力流动性的凝滞（即移民困难）导致了加工贸易这一与一般贸易不同的贸易形态的出现。

而且，当代世界经济的产业链因为产业边界交叉汇集已经呈现出"产业丛"式的网络化形态，这使得当代社会的消费品数量出现了井喷式的增加，世界贸易总量空前增长，庞大的国际市场需求空间使没有劳动力流动的"劳务输出"在量上必然表现出激增的态势。

总之，加工贸易是以"贸易"为外形，本质上是"劳务输出"的一种外向型经济活动形式。

四、对中国对外贸易的重新认识

1. 中国对外贸易的"虚幻性"

将加工贸易与一般贸易等其他贸易形式混合统计的中国对外贸易总量，

扭曲地反映了中国的对外贸易情形，使中国对外贸易在量上呈现出一种"虚幻性"。

经济合作与发展组织（OECD）和世贸组织（WTO）为了克服传统国际贸易统计方式的局限性，已经迈出了变革国际贸易统计的第一步，尝试以单个商品在全球生产链上不同经济体产生的附加值为基础重新进行贸易测算，并于 2013 年 1 月 16 日联合发布了按附加值计算的 40 个国家 18 大产业门类的贸易数据库。其目的是按照附加值原则重绘世界贸易版图，真实反映国际贸易状况。

为了准确考察中国对外贸易的真实情形，我们也将尝试把加工贸易从贸易总量中剥离出来，还原其"劳务输出"的本质形态。因为加工贸易增值部分（加工贸易出口减去加工贸易进口）不全是劳务输出，其中还包含加工贸易企业的利润、企业所得税、场地租赁费用、资本利息支出、水电费等项（相对"来料加工"形式，"进料加工"形式中这部分占的比重稍大一点）。根据我们在珠三角地区所做的调查，加工贸易企业的劳务支出及养老金、社会保险等辅助开支约占加工贸易增值部分的 40%，企业所得税约占加工贸易增值部分的 15%。这样，我们可以把加工贸易增值部分的大约一半看做"劳务输出"职工收入，另一半看做"贸易"活动的贸易收入。因此，我们在调整中国对外贸易总量时，把加工贸易进口从对外贸易进口中直接剔除，把加工贸易出口从对外贸易出口中剔除后再加上加工贸易增值部分的一半。经过调整后，真实的中国对外贸易对中国经济的影响程度大大缩水了。囿于资料限制，我们仅仅将 1994 ～ 2011 年调整前后中国出口占 GDP 的比重（出口依存度）和贸易顺差占外储增加值的比重（贸易顺差对外储增加的贡献率）进行了对比，详见表 1 – 1。

表 1 – 1　　　　　　　中国对外贸易对中国经济的影响　　　　单位：%

年份	出口占 GDP 比重		贸易顺差占外储增加值的比重	
	调整前	调整后	调整前	调整后
1994	21.6	12.3	17.8	2.3
1995	20.4	11.4	76.0	41.0
1996	17.6	9.1	38.9	3.8
1997	19.2	10.3	115.9	73.8

年份	出口占 GDP 比重		贸易顺差占外储增加值的比重	
	调整前	调整后	调整前	调整后
1998	18.0	9.5	857.6	503.5
1999	18.0	9.5	300.8	108.9
2000	20.8	11.2	221.2	14.4
2001	20.1	11.0	48.4	−9.0
2002	22.4	12.0	41.0	2.1
2003	26.7	14.4	21.8	−12.0
2004	30.7	16.5	15.5	−10.2
2005	33.8	18.5	48.8	14.7
2006	35.7	20.4	71.7	33.6
2007	34.9	20.8	57.2	30.3
2008	31.6	20.0	71.4	35.8
2009	24.1	15.0	43.2	14.0
2010	26.6	16.8	40.5	4.5
2011	25.9	17.0	46.4	−8.3

资料来源：国家统计局贸易外经统计司. 中国贸易外经统计年鉴，2012；国家统计局. 中国统计年鉴，2012.

从表 1−1 中我们可以看到，自从 1994 年中国进行汇率改革并实行出口导向型发展战略以来，中国的出口依存率调整前平均为 24.9%，最高年份是 2006 年的 35.7%，最低年份是 1996 年的 17.6%；调整以后平均数是 14.2%，比调整前下降了 10.7 个百分点，最高年份是 2007 年，数值是 20.8%，最低年份变为 1996 年，数值是 9.1%。这组数据说明，中国对外贸易活动对中国经济增长具有毋庸置疑的拉动作用，但其效果并不像我们以前想象的那么大。再从对外贸易顺差占外汇储备增加值的比重来看，扣除 1997 ~ 2000 年这四个特殊年份，当时亚洲金融危机影响严重，国际资本流动停滞导致中国吸引外资下降，中国维持人民币不贬值的承诺导致外汇支出增加，这都使中国外汇储备增加值降到极低的水平。其余各年调整前的数据在 17.8% ~ 76.0%，调整之后最高值 1995 年仅为 41.0%，其余各年的数据也都大幅度下降，在 2001 年、2003 年、2004 年和 2011 年竟是负数，就是说这几年中国的货物贸易实际上是出于逆差状态的。这组数据说明，中国真实的对外贸易活动对外汇储备增加的贡献率，实际情况是要在以前的表面数据基础上大打折扣的。

2. 中国国际收支平衡表的修订

在还原了加工贸易的"劳务输出"本质后，中国国际收支平衡表中经常项目下的"A. 货物和服务"（体现为"a. 货物"）和"B. 收益"（体现为"1. 职工报酬"）必然随之发生变化。我们仅对 2011 年的中国国际收支平衡表进行调整，如表 1-2 所示。表 1-2 中，"a. 货物"的贷方在原始数据基础上减去加工贸易出口再加上加工贸易增值部分的 1/2，借方在原始数据基础上减去加工贸易进口；"1. 职工报酬"的贷方在原始数据基础上加上加工贸易增值部分的 1/2（即加工贸易中"劳务输出"的职工收入），借方不变；其余各相关加总项依此调整。

表 1-2　　　　　　　　　　　2011 年国际收支平衡表　　　　　　　　单位：亿美元

项　　目	差　额		贷　　方		借　　方	
	调整前	调整后	调整前	调整后	调整前	调整后
一、经常项目	2 017	2 017	22 868	18 171	20 851	16 154
A. 货物和服务	1 883	55	20 867	14 341	18 983	14 286
a. 货物	2 435	608	19 038	12 513	16 603	11 905
b. 服务	−552	−552	1 828	1 828	2 381	2 381
B. 收益	−119	1 709	1 446	3 274	1 565	1 565
1. 职工报酬	150	1 978	166	1 994	16	16
2. 投资收益	−268	−268	1 280	1 280	1 549	1 549
C. 经常转移	253	253	556	556	303	303
二、资本和金融项目	2 211	2 211	13 982	13 982	11 772	11 772
三、储备资产	−3 878	−3 878	10	10	3 888	3 888
四、净误差与遗漏	−350	−349	0	0	350	349

注：该简表是本书作者根据国家外汇管理局发布的原表整理的，原表中部分项目国家外汇管理局与商务部的原始统计略有出入。

资料来源：国家统计局贸易外经统计司. 中国贸易外经统计年鉴，2012；国家外汇管理局网站. 中国国际收支平衡表，2011。

分析表 1-2 可以发现，中国 2011 年国际收支平衡表的经常项目部分调整后与调整前相比发生了结构性的变化。在贷方，"货物"项由 19 038 亿美元下降到 12 513 亿美元，降低幅度达 1/3 还多，这直接导致"货物和服务"

项由 20 867 亿美元下降为 14 341 亿美元；"职工报酬"项由 166 亿美元增加到 1 994 亿美元，增加了 11 倍，这直接导致"收益"项由 1 446 亿美元上升到 3 274 亿美元；综合起来，经常项目贷方总额由 22 868 亿美元下降为 18 171 亿美元，降幅达 20.5%。在借方，"货物"项由 16 603 亿美元下降为 11 905 亿美元，降低幅度为 28.3%，这直接导致"货物和服务"项由 18 983 亿美元下降为 14 286 亿美元；综合后，经常项目借方总额由 20 851 亿美元下降为 16 154 亿美元，降幅达 28.6%。即是说，国家外汇管理局的国际收支平衡表中的经常项目贷方比实际情况虚增了 25.8%，借方虚增了 29.1%。因资本和金融项目、储备资产项目不变，国际收支平衡表中调整前贷方合计 36 860 亿美元、调整后贷方合计 32 163 亿美元，整表贷方虚增了 14.6%；调整前借方合计 36 511 亿美元（不含"净误差与遗漏"项，下同），调整后借方合计 31 814 亿美元，整表借方虚增了 14.8%。总之，2011 年中国国家外汇储备管理局发布的国际收支平衡表，在总量数据方面其实是存在 1/6 左右的偏差。

五、中国对外贸易展望

1. 中国从事加工贸易的比较优势仍然存在

加工贸易在本质上是一种"劳务输出"，那么中国加工贸易经济活动所面临的劳动力供给形势发生逆转了吗？没有！

阿瑟·刘易斯（Arthur Lewis, 1954）指出：发展中国家一般存在着传统农业部门和现代工业部门的二元经济结构[1]。传统农业部门因为剩余劳动力的存在，其边际生产率为零或接近为零，农业劳动力的工资水平极低；城市工业部门的边际劳动生产率高于农业部门，工业劳动力的工资水平也就高于农业劳动力。两者的工资差异，会不断地诱使农业剩余劳动力向城市工业部门转移。伴随着这种农业劳动力的流动，农业劳动力的边际生产率不断提高，工业劳动力的边际生产率不断下降，这个变化过程一直到两者相等为止，至此经济结构由二元经济结构转变为一元经济结构。

---

[1] Lewis, W. Arthur. Economic Development with Unlimited Supplies of Labor [J]. *Manchester School of Economic and Social Studies*, 1954 (22): 139–91.

中国大量集中在"珠三角""长三角"等地区的加工贸易企业在劳动力供给方面主要依靠上述地区以外的农民工，而农民工的工资水平则间接取决于世界农产品的价格水平。农产品的大部分，即粮食，在全球范围内属于同质化程度较高的产品，其平均价格可以通过国际粮食期货市场价格来反映。中国的粮食产量主要由耕地数确定，而不是由劳动力确定，因为大量农村剩余劳动力的存在，在劳动力出现剩余前劳动的要素边际报酬早已经达到了0的临界值。也就是说在价格既定的条件下，中国的粮食总产值基本上是既定的，由于农业人口众多，农业劳动力的单位产值就是极低的，扣除生产费用，农业劳动力的单位报酬就更低。在此基础上，只要加工贸易企业的工资稍有增加，增加部分超过农民工在城市的最低生活费用，则加工贸易企业面临的劳动力供给就是无限的。

就是说，由于发达国家较高的农业生产率造成较低的国际农产品价格水平，使中国农业总产值的增长极其缓慢，形成中国较低的农业工资水平，于是形成加工贸易企业较低的工资率。中国加工贸易的劳动力无限供给特性将长期存在下去，中国的这种比较优势也将长期存在。

有些学者研究认为，最迟至2015年中国人口红利将不复存在，中国劳动力供给特性将发生逆转[①]。但我们认为，在二元经济条件下，人口红利的消失并不意味着中国农业劳动力与其他产业劳动力的边际生产率完全趋同；在开放的经济条件下，人口红利的消失并不意味着中国的比较优势发生根本性的转化。就是说，人口红利的消失会导致国内各产业工资水平的普遍上涨，但中国各产业之间的工资差距仍然存在，中国总体的工资水平与市场经济发达国家的巨大差距也仍然存在。

近年来中国开始出现了所谓的"民工荒"。"民工荒"的实质，不是中国的劳动力短缺了，而是企业付给劳动力的工资落后于农产品价格和城市生活费用的上涨幅度了。2007年以后，世界经济通胀周期骤然来临，随着国际农产品和初级资源产品价格的大幅飙升，农业生产的名义收益率有所增加，城市日用必需品的价格也在增长，中国加工贸易企业的工资水准必须按照农产品和城市基本生活费用上升速度同步增长。否则，企业支付的工资水平仍然停留在原来的标准，劳动力生产要素就不可能被诱导出来。一个不容忽视的事实是，尽管近几年中国制造业用工成本大幅度上升了，但"农民工"的工

① 蔡昉. 认识中国劳动力市场及其变化趋势//吴敬琏主编. 比较30. 北京：中信出版社，2007.

资收入在中国城市各个阶层中仍然是最低的，"农民工"的工资水平与发达国家工人的工资水平相比更不可以道里计。

2."加工贸易转型升级"辨义

近年来，"加工贸易转型升级"是一个热议的话题。但对于"加工贸易转型升级"的具体含义，持论者却又往往不甚了解，致使有关"加工贸易转型升级"的讨论因含义模糊和指称不明而流于空泛。2011年11月商务部会同国家发改委等六部委联合出台了《促进加工贸易转型升级的指导意见》（以下简称《意见》），该《意见》明确了推动加工贸易转型升级的指导思想、原则、目标及相关政策。

该《意见》的指导思想中提出："……着力优化加工贸易产业结构和区域布局，提升产业层次，延长产业链，实现加工贸易发展速度、质量和效益的统一……"。该《意见》提出的发展目标是"五个转变"：一是产品加工由低端向高端转变，逐步改变以低端加工组装为主的现状，提高产品技术含量和附加值。二是产业链由短向长转变，促进加工贸易配套体系向研发设计、创立品牌、生产制造、营销服务产业链上下游延伸，延长加工贸易国内增值链。三是经营主体由单一向多元转变，促进内外资企业共同发展。四是区域由东部主导向东中西部协调发展转变，遵循客观经济规律，引导加工贸易由发达地区向欠发达地区有序梯度转移。五是增量由区外为主向区内为主转变，发挥并完善海关特殊监管区功能，引导增量入区发展，促进区内外加工贸易协调发展。

上述五项目标中的后三项，涉及的是加工贸易活动的主体和空间的范围问题，而"加工贸易转型升级"本质上是一种内容要求。把后三项目标塞入促进加工贸易"转型升级"的指导意见中是不合适的。所谓的"加工贸易转型升级"，即是指上述五项目标中的前两项，可以凝练为"指导思想"中提到的两句话："提升产业层次，延长产业链"。

但是，"提升产业层次"目标并没有太大的经济意义。提升加工贸易的产业层次，并没有改变加工贸易的低端劳动力要素特性。诚然，高污染、高耗能及消耗国内资源产业（即"两高一资"）的加工贸易业务必须抑制，这本身就意味着加工贸易产品结构的进一步优化。根据商务部2012年《十六大以来商务成就综述之二：加工贸易转型升级取得明显成效》的统计，近年来中国加工贸易的产品结构确实在不断改善，机电产品在加工贸易中的占比从2002年的64.7%提高到2011年的78.1%，高新技术产品占比从27.1%提高到50.5%。电子信息、精密机械、生物医药、新能源、新材料等为代表的高新技术制造业已成为加工贸易的主要产业。但是，加工贸易经济活动所输出的劳务，与劳动力被配置到什么层次的产业链上没有太大关系。无论技术含量多么高的产业链，无论产业层次多么高，在"碎片化"的制造业产业链条上，总存在一些劳动装配的低端环节。这些低端环节从发达国家向中国的外包转移，形成了中国加工贸易形式的"劳务输出"。就是说，中国加工贸易工人在任何产业层次上，不论是缝制牛仔裤还是组装计算机，其经济活动都是相似的，都不会随着产业层次本身的升降而变化。从这个角度看，这种加工贸易的转型升级没有实质性的经济意义。

其次，"延长产业链"目标必然要使加工贸易逐渐脱离其本质特征，导致加工贸易这种经济活动向其他经济活动转换。加工贸易这种生产活动的"低端"特点，一方面使中国能够快速地融入全球产业链分工体系之中，另一方面又使中国在这个产业链分工体系长期处于附属地位。因此，延长中国在产业链分工体系中的"链条"，几乎成了对外贸易主管部门念兹在兹的心结，并在实践中不遗余力地推动。商务部2012年《十六大以来商务成就综述之二：加工贸易转型升级取得明显成效》的统计表明，按照单位出口拉动计算，加工贸易国内配套增值率从2002年的32.1%提高到2012年前三季度的44.2%。广东省七成加工贸易企业有深加工结转业务，企业产品平均结转2~5次后再出口，带动国内配套产业产值超过5 400亿元。但要看到，第一，中国在国际产业链之中的分工，是由中国的比较优势或生产要素禀赋特征所决定的，对于中国这样一个经济层次差异巨大的大国来讲，国际比较优势的转换必然是长期而缓慢的，加工贸易产业链条的延伸虽不排除在局部产业或地区上突破的可能性，但不会从总体层面出现根本性的逆转。第二，加工贸易产业链条的延伸，结果就是相关产业在中国落地生根。那时，中国在国际产业链条分工中，提供的就不再单纯是低端的劳动力，而是各种生产要素的综合禀赋，加工贸易这种"贸易"形式也就不存在了。即是说，加工贸易转型升级的必然结果，将是逐步消解"加工贸易"这种经济活动本身。

六、研究结论

以往对加工贸易的表面认识混淆了中国对外经济联系中不同经济活动的

生产要素方面的特性差异，不能达到对中国贸易现实的正确理解。

我们把加工贸易看作一种没有劳动力跨国流动的"劳务输出"，从对外贸易的生产要素特性角度科学地区分了一般贸易和加工贸易的实质性分别。正是当代产业链的"碎片化"的细化分工，导致了产业经济活动对生产要素需求的聚合性存在着不同程度的差异，使当代国际商品交易不必仅仅是综合性生产要素的贸易，而更有可能是单一生产要素的贸易，当这种单一生产要素聚焦在劳动力方面时，加工贸易就出现了（当这种单一生产要素聚焦在土地资源方面时，就是初级产品贸易）。

加工贸易实质上是一种"劳务输出"，这使中国对外贸易呈现一种"虚幻性"，中国将一般贸易与加工贸易混淆的总体贸易结构，极大地掩盖了中国在国际产业分工体系中处于低端环节这一事实，也使中国所谓的对外贸易活动不能表达真实的国际收支状况。

中国的国内二元经济结构和国际生产要素禀赋的纵向差异，决定了中国从事加工贸易的比较优势将长期存在。加工贸易的存在是由中国的比较优势决定的，脱离了比较优势转化这一前提条件，"加工贸易转型升级"本身的含义是相当模糊的。

第三节　中国的对外贸易结构与产业结构：
"镜像"与"原像"的背离

> 一个国家的产业结构实际上是其生产要素禀赋及其利用方式的综合反映，对外贸易结构只不过是产业结构在空间范围上的扩展，两者是同源的，是一种"原像"与"镜像"的耦合关系。对外贸易之所以能够带动产业结构的升级，是因为对外贸易活动的规模经济效应有利于积累技术进步，从而完成产业结构的优化和对外贸易结构的升级。但中国的对外贸易却没有能够有效带动产业结构的升级，中国大量"两头在外"的加工贸易使中国对外贸易结构呈现超前发展的虚幻性，它并不与中国的产业结构存在必然的内部联系，即对外贸易结构的"镜像"并不反映产业结构的"原像"，而加工贸易的凝滞化是由于受到"比较优势陷阱"的影响。

一、"镜像"与"原像"的关系：一个理论框架

产业结构与对外贸易结构之间的理论关系迄今缺少经济学上的合理解释，根本原因在于产业经济理论与国际贸易理论之间的学科分离。这种分离在20世纪70年代有所改观，但主要偏重于以产业特性来解释国际贸易的成因，是将产业经济变量内生化的国际贸易理论。格鲁贝尔（H. G. Grubel）和劳埃德（P. J. Lloyd）于1975年率先提出了产业内贸易理论[1]；随后，迪克西特（A. K. Dixit）和斯蒂格利茨（J. E. Stiglitz）、克鲁格曼（P. Krugman）、赫尔普曼（E. Helpman）等人把张伯伦（E. H. Chamberlin）的垄断竞争理论运用到产业内贸易的分析中来[2][3][4]；赫尔普曼和克鲁格曼则用报酬递增和不完全竞争的市场结构特性来解释产业之间的贸易[5]，以此为发端的形形色色的新贸易理论都或多或少与市场结构特性有关。

但所有这些研究并没有涉及产业结构与贸易结构之间的关系问题。与之相似的研究是关于FDI与对外贸易的相互关系。蒙代尔（R. A. Mundell）认为两者之间是一种替代关系，投资是在贸易壁垒存在条件下对贸易的替代[6]；小岛清（K. Kojima）认为当资本的流动不是由贸易壁垒引致而主要流向出口部门时，两者之间是一种互补关系[7]。蒙代尔和小岛清的理论实际上是分别描述了以目的划分的两种不同的投资类型。FDI与东道国的产业特性密切相关，但FDI与贸易相互关系的研究不能替代产业结构与贸易结构相互关系的研究。

---

① Grubel, H. G., Lloyd, P. J.. Intra-industry Trade: The theory and Measurement of International Trade in Differentiated Products [M]. *Macmillan*, 1975.

② Dixit, A. K., Stiglitz, J. E.. Monopolistic Competition and Optimum Product Diversity [J]. *American Economic Review*, 1977, Vol. 67.

③ Krugman, P.. "Increasing Returns, Monopolistic Competition and International Trade," *Journal of international Economics*, 1979, 9.

④ Helpman, E.. International Trade in the Presence of Product Differentiation, Economies of Scale and Monopolistic Competition [J]. *Journal of International Economics*, 1981 (11).

⑤ Helpman, E., Krugman, P.. *Market Structure and Foreign Trade* [M]. MIT Press, 1985.

⑥ Mundell, R. A.. International Trade and Factor Mobility [J]. *American Economic Review*, 1957 (47).

⑦ Kojima, K.. A Macroeconomic Approach to Foreign Direct Investment [J]. *Hitotsubashi Journal of Economics*, 1973, 14 (1).

我们认为，一个国家的产业结构实际上是其生产要素禀赋及其利用方式的综合反映，对外贸易结构只不过是产业结构在空间范围上的扩展。两者是同源的，应该是高度正相关的。产业结构与对外贸易结构之间是一个"原像"与"镜像"的关系，产业结构是本体，对外贸易结构只不过是产业结构所反映的影像。出口是国内企业在满足国内需求之后的市场拓展，它反映了国内产业的发展，是一种"正镜像"；进口则是国内企业无力满足国内市场需求的产品引进，它反映了国内产业的不足，是一种"反镜像"。正常情况下，一国的贸易结构和产业结构之间存在的耦合关系如图 1－1 所示，产业结构决定贸易结构，贸易结构反映产业结构。

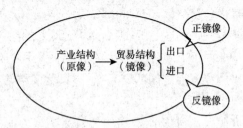

图 1－1　贸易结构和产业结构的耦合关系

二、"镜像"与"原像"的耦合：日本的经验

在世界经济发展史上，日本无疑是实施"出口导向"发展战略最成功的典型。日本在 1955～1970 年的"出口导向"型发展模式对当今中国实行"出口导向"的发展道路具有重要的借鉴意义。战后初期日本政府采取"出口导向"战略后，在"或是出口，或是死亡"的口号下，疾呼"必须采取一切措施和尽一切努力集中力量振兴出口"，明确提出"振兴出口是使日本经济走向繁荣的唯一关键"[①]。

为了给出口创造有利的环境，日本政府采取了一系列的措施。其中最重要的：第一，维持劳动力的低价格。1960 年主要西方国家中日本的实际工资水平最低，美国为日本的 4.77 倍，英国为 2.14 倍、联邦德国为 1.69 倍、法国为 1.19 倍。1955～1986 年，日本的劳动生产率增长了 8.79 倍，而同期的

---

① 日本通商产业省. 通商白書 1962 ［M］. 东京.

实际工资只增长了3.65倍①。第二，压低日元汇率。日本从1949年开始，在布雷顿森林体系框架下实行固定汇率政策，即1美元兑换360日元，这一固定汇率一直持续了22年，到1971年为止。20世纪60年代中期以后，随着日本经济实力的增强，日本的国际收支状况明显改善，日元价值上升，这个固定的外汇汇率制度将日元的价值大大低估了，这使日本产品在国际市场上的价格较低，从而极大地促进了日本的出口。第三，维持市场的低利率。日本企业的资本融资方式主要依赖于银行贷款，银行贷款占资本融资的总比例在1966~1970年时高达76.8%②。银行贷款的作用之所以很大，与日本银行的贷款利率较低，从而以贷款方式融资的成本较低有关。1952年，日本全国银行综合贷款的平均利率约为9.29%，到1960年时下降为8.17%，1972年更下降至6.73%③。日本的低利率政策是通过日本政府货币政策当局的"窗口指导"实现的。第四，实行税收优惠。日本的总体税率在西方国家中一直是最低的，从税收占GDP的比重来看，1972年时日本为21.2%、美国为28.1%、英国为34.7%、法国为35.8%、联邦德国为36%、挪威则高达45.7%；同时期，日本公司所得税的实际税率为20.1%，而美国则为27.2%④。另外，日本还为出口大企业实行优惠的累退税制，企业出口规模越大，总体税负越小。

在上述措施的刺激下，日本的"出口导向"政策获得了极大成功。1955~1970年，以美元计价，日本的出口增加了27.7倍，进口增加了23.4倍⑤。日本的贸易收支状况迅速改善，1970年实现贸易盈余约40亿美元⑥。

更重要的，日本的对外贸易发展是一种内涵式增长，其对外贸易结构获得了迅速提升。1955~1970年，日本的进口商品结构没有太大的变化，但出口商品结构变化巨大，其中能够代表贸易结构变动水平的机械类产品的变化尤其明显。1955年机械类产品在日本出口结构所占的比重为12.4%。1960年增长为25.5%，1965年又增长为35.2%，1970年剧升到46.3%⑦。对外贸易结构的升级又带动了国内产业结构的进步，1955年机械类产品在日本国内产

---

① 色文. 现代日本经济的发展 [M]. 北京：北京大学出版社，1990.
② 伊藤正则. 日本经济的腾飞经验与借鉴 [M]. 北京：中国计划出版社，1991.
③ 日本通商产业省. 日本通商产业政策史（第16卷）[M]. 北京：中国青年出版社，1995.
④ 都留重人. 日本的资本主义 [M]. 上海：复旦大学出版社，1995.
⑤ 矢野恒太纪念会. 日本100年 [M]. 北京：时事出版社，1984.
⑥ 日本中央大学经济研究所. 战后日本经济 [M]. 北京：中国社会科学出版社，1985.
⑦ 强永昌. 战后日本贸易发展的政策与制度研究 [M]. 上海：复旦大学出版社，2001.

业结构所占的比重为 12.6%，1960 年增长到 23.9%，1965 年为 25.9%，1970 年又上升到 31.7%[①]。我们以机械类产品占出口产品的比重来代表对外贸易结构的状态，以机械类产品占制造业产品的比重来代表国内产业结构的状态。然后，以 1955 年为基期，将 1960 年、1965 年和 1970 年各年的代表对外贸易结构状态和国内产业结构状态的数据指数化，以此衡量对外贸易结构进步程度和产业结构进步程度。将日本对外贸易结构指数和国内产业结构指数放在一起比较，其结果见图 1 – 2。在图 1 – 2 中，我们看到，日本在 1960 年、1965 年和 1970 各年的产业结构指数与贸易结构指数的背离比率（$\left|\dfrac{A-B}{A+B}\right|\times 100\%$）分别为 3.8%、15.2% 和 19.5%，产业结构进步与贸易结构进步虽然没有保持相同的比率，但对外贸易还是有效地带动了产业结构的升级。

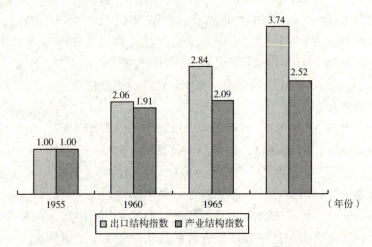

图 1 – 2　"镜像"与"原像"的耦合：日本的经验

三、"镜像"与"原像"的背离：中国的实践

中国"出口导向"的经济发展战略形成于 20 世纪 90 年代初期。此前，"对外开放"虽然也是国家经济工作的重心，但"对外开放"的主要内容是

① 日本中央大学经济研究所. 战后日本经济 [M]. 北京：中国社会科学出版社，1985.

吸引外资、引进技术、扩大口岸等，对外贸易出口仅仅是获得外汇收入的重要手段。20世纪90年代以后，尤其以1994年外经贸部领导在"90年代中国外经贸战略国际研讨会"上提出"大经贸"战略为标志，对外贸易出口逐渐成为拉动经济增长、提高就业水平的有力工具，中国"出口导向"型的经济发展战略得以确立。

为了配合"出口导向"型经济发展战略的实施，中国政府首先实行了压低汇率和降低对外贸易企业实际税负的措施。

1994年，国家进行外汇体制改革，实行以市场供求为基础的有管理的浮动汇率制度。首先取消了 $1 = ¥5.76 的官方汇率，将人民币大幅度贬值，市场汇率确定在 $1 = ¥8.62 的水平上。随着单一汇率制度的实施，国家取消了外汇留成制度，实行结售汇制度，即所有企业的外汇收入都结售给国家指定银行或金融机构。1996年中国还实现了人民币经常项目下的自由兑换。但从1998年开始，作为应对亚洲金融危机的制度遗产，中国外汇汇率长期锁定在 $1 = ¥8.27 的水平上，同时中国对外贸易盈余迅速积累。直到2005年7月21日，在巨额贸易顺差的压力下，中国人民银行才进一步扩大了汇率波动的幅度，但人民币升值的幅度远远跟不上对外贸易盈余继续积累的速度，中国经济的内外不平衡状况无法自行纠正。因为如果人民币大幅度升值，将会引起对外贸易企业的大面积倒闭，从而引发失业和经济增长减速，这是中国经济无法承受之重。

1994年，中国还实行了税制改革，建立了与国际惯例接轨的现代增值税制度，并正式引进了对外贸易出口退税制度。但是由于出口退税基本采用税额退库的操作方式，使出口骗税行为一度严重，而且出口退税额的增长超过了中央政府的财政承受能力，出口退税率曾一再下调。1998年为了应对亚洲金融危机导致的中国出口增长幅度萎缩，出口退税率又缓慢回升，综合退税率由6%提高到15%。2004年起，全部由中央财政负担的出口退税造成国家拖欠退税款严重，在改由中央政府和地方政府按比例分担退税额的同时，出口产品的平均退税率也跟着大幅度下降。2008年世界经济危机呼啸而至，中国又几次大幅度提高了出口退税率，最大规模提高出口退税率是在2009年4月实行的，纺织品、服装、轻工、电子信息、钢铁、有色金属、石化等共涉及3 802个税号的商品的出口退税率都不同程度提高了，最高退税率达到了 17%①。出口退税政策的实施使对外贸易企业极大提高了获利空间。

本币贬值和出口退税，有效地刺激了中国"出口导向"型的外向经济发展。同时期，为了给"出口导向"的外向型经济创造宽松的环境，中国制造业平均工资也长期维持在较低水平上，而国内货币供给总量则长期维持在较高水平上。

根据国家统计局的调查，中国制造业平均工资 2008 年为 24 192 元，大大低于 29 229 元的职工平均工资水平，而且这个制造业平均工资还是包含了烟草等垄断制造行业的工资在内，2008 年烟草业平均工资高达 62 442 元，因此上述制造业平均工资显然过高反映了对外贸易出口面临的劳动力成本状况②。从国际间的横向比较来看，2004 年时（少数国家资料为 2003 年或 2002 年）英国制造业雇员每小时的工资为 19.96 美元，德国 18.56 美元，日本 16.55 美元，美国 16.14 美元，法国 12.30 美元，韩国 10.31 美元，马来西亚 2.90 美元，巴西 2.18 美元，墨西哥 2.03 美元，而中国只有 0.84 美元③。

至于国内货币供给量的增长，则更是惊人。1994 年中国开始实施"出口导向"型经济发展战略，当年中国实际 GDP 的环比增长率为 14.0%，而广义货币供给量（M_2）则环比增长率为 34.5%，广义货币供给量增长率比实际 GDP 的环比增长率竟高出 20.5 个百分点。此后，广义货币供给量增长速度都远远高于实际 GDP 的增长速度，到 2008 年时，中国实际 GDP 的环比增长率为 9.0%，广义货币供给量环比增长率为 17.8%，广义货币供给量增长率比实际 GDP 的环比增长率高出 8.8 个百分点。2008 年中国实际 GDP 是 1993 年的 4.1 倍，而 2008 年中国广义货币供给量竟然是 1993 年的 13.6 倍。

总而言之，中国 1994 年开始实行"出口导向"型发展战略时的经济条件与 1955 ～ 1970 年的日本是极其相似的。

但是与当年的日本不同，中国在 20 世纪 90 年代初至 2008 年世界金融危机爆发这段时间的对外贸易的迅速增长，以及对外贸易结构的表面提升，并没有带动整个产业结构实现升级。即，中国对外贸易的"镜像"与产业结构

---

① 世贸人才网. 出口退税政策发展史［EB/OL］. http：//class. wtojob. com/zhuanti/ckts//，2009 - 10 - 21.

② 本部分如未特别注明，数据均来源于各年的《中国统计年鉴》，或根据各年的《中国统计年鉴》计算.

③ 陈俊. 从国际比较看我国劳动力价格水平的优势和趋势［J］. 中国经贸导刊，2006（8）.

的"原像"出现了严重背离。

2008 年底，中国对外贸易出口总值为 14 285.5 亿美元，进口总值为 11 330.9 亿美元，都达到了历史最高峰。1993～2008 年，以美元计价，中国的出口增加了 15.6 倍，进口增加了 10.9 倍。中国的贸易收支从 1994 年开始就彻底扭转了赤字局面，2008 年当年的货物贸易顺差达到 2 954.6 亿美元。

同时，中国的对外贸易商品结构也发生了一些变化。1993～2007 年，中国的进口商品结构中，初级产品的进口从 13.7% 上升到 25.4%，工业制成品的进口从 86.5% 下降到 74.6%，主要原因是中国粗放型的经济发展模式对能源、矿产品等初级产品的需求日益膨胀，目前中国单位 GDP 能耗是世界平均水平的 3 倍①。1993～2007 年，中国的出口商品结构中，初级产品的出口从 18.2% 下降到 5.1%，工业制成品的出口从 81.8% 上升到 95.0%，出口商品结构呈现出进步趋势。但从更能代表对外贸易结构变化质量的机械与设备类产品占贸易总量的比重来看，1993 年机械与设备类产品在进口产品中的比重为 43.3%，2007 年为 43.1%，其间没有什么明显变化。但机械与设备类产品在出口产品中的所占的比重的变化却相当明显，1993 年为 16.7%，1998 年上升为 27.3%，2003 年又升为 42.8%，2007 年高达 47.4%。

下面我们用前文衡量日本对外贸易结构进步程度和产业结构进步程度的方法来观察一下中国的情况。先看对外贸易结构指数，将机械与设备出口值占出口总值的比重指数化，1993 年基期数为 1，则 1998 年、2003 年、2007 年分别为 1.64、2.57、2.84。再看国内产业结构指数，这里的计算比较复杂，因为缺乏直接的经济数据。我们用机械与设备产品的工业增加值占整个工业增加值的比重来表示国内产业结构的特性，机械与设备产品项下包括以下《中国统计年鉴》确立的六个小类：通用设备、专用设备、交通运输设备、电器机械与器材、通信设备计算机及其他电子设备、仪器仪表及文化办公用机械。将机械与设备工业增加值占整个工业增加值的比重指数化，1993 年基期数为 1，则 1998 年、2003 年、2007 年分别为 1.06、1.27、1.21。对外贸易结构指数与国内产业结构指数的对比见图 1-3。在图 1-3 中，我们看到，中国 1998 年、2003 年和 2007 年各年的产业结构与贸易结构的背离比率

---

① 中国科学院可持续发展战略研究组. 2009 中国可持续发展战略报告——探索中国特色的低碳道路［M］. 北京：科学出版社，2009.

（$\left|\dfrac{A-B}{A+B}\right| \times 100\%$）分别为 21.3%、33.9% 和 40.4%，与前文日本的情况相比较，中国的产业结构进步与贸易结构进步严重背离，对外贸易没有有效带动产业结构的升级。

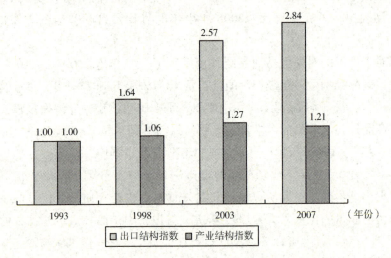

图 1-3　"镜像"与"原像"的背离：中国的实践

四、"镜像"与"原像"的背离：成因的解释

对外贸易之所以能够带动产业结构的升级，是因为对外贸易活动的展开，拓展了市场的空间幅度，更有利于国内企业降低单位生产成本，提高规模经济效率，积累技术进步，从而在整体层面上，随着对外贸易结构的进步，也带动了产业结构的升级和优化。而产业结构的升级和优化也必然反映为对外贸易结构的进步。因而，对外贸易结构与国内产业结构之间是一种"耦合"关系。

但是，产业结构与贸易结构之间"原像"与"镜像"的耦合关系有可能被打破，两者不一致的原因不外乎以下几种情况。

第一类情况，在存在对外贸易干预的情况下，贸易结构未必准确反映产业结构现状。（1）贸易保护主义限制进口，贸易结构对产业结构的"反镜像"作用消失了；（2）贸易重商主义刺激出口，甚至对出口的刺激由压抑内需来支撑，贸易结构对产业结构的"正镜像"也失真，变成哈哈镜了；
（3）还有一种情况是限制出口贸易政策，其根由在于国内资源保护，贸易结构同样扭曲地映射了国内的产业结构。

第二类情况，在不存在对外贸易干预的情况下，贸易结构也有可能背离于产业结构。（1）一种情况是市场内部供需均衡，但空间或文化等方面的市场分割严格限制了出口，贸易结构对产业结构反应不足；（2）另一种情况是加工贸易或转口贸易造成的贸易虚假繁荣使表象性的贸易结构对产业结构形成了扭曲性的反应。

那么，中国对外贸易结构与产业结构的背离原因是什么呢？我们认为，主要原因在于加工贸易的存在使对外贸易结构"成像"失真造成的。

当前，中国的加工贸易约占中国贸易总量的1/2，见图1－4。中国对外贸易中大量"两头在外"的加工贸易使中国对外贸易进出口结构呈现出超前发展的虚幻性，但它并不与中国的经济产业结构存在必然的内部联系，也并不反映真实的经济产业水平，即对外贸易结构这个"镜像"并不反映产业结构的"原像"。因为加工贸易从本质上讲是一种劳动力生产要素贸易，与单纯的劳务出口没有什么区别，它并不能反映一个国家总体的资源禀赋和比较优势。严格意义上讲，所有的对外贸易都是生产要素贸易，就是说对外贸易表面上交换的商品，实质上交换的是彼此不同的生产要素禀赋。加工贸易与一般贸易的不同在于，一般贸易反映了对外贸易生产者全部的生产要素禀赋，包括外生的禀赋如资本、劳动力、土地资源、技术水平等，也包括内生的禀赋如

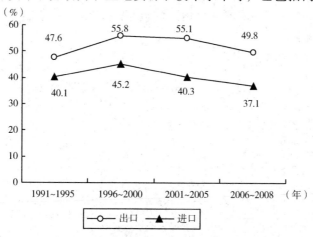

图1－4　中国进出口中加工贸易的比重

技术创新能力、经济组织的适应能力等；而加工贸易仅仅反映了对外贸易生产者局部的生产要素禀赋，即劳动力数量。

五、中国出口导向型的发展道路还能走多久

一般来讲，加工贸易的发展有这样一个基本趋势，即贸易产品在加工地的产业链条不断延长，并最终实现"本土化"，20世纪50～60年代的日本就经历了这样一个发展阶段。但是，根据对中国近年来对外贸易统计资料的观察，中国的加工贸易在这个发展过程中进展的异常缓慢。这从加工贸易的国内增值率和加工贸易国内配套率两个指标中可以见其端倪。

加工贸易国内增值率又称加工贸易进步比率，用加工贸易出口净额与加工贸易进出口总额之比来表示，它是一个反映加工贸易国内链条部分延伸倾向的指标。加工贸易国内配套率即加工贸易国内生产部分的比率，用加工贸易国内配套值与加工贸易进口值之比来表示，它也是一个反映加工贸易国内链条部分延伸倾向的指标。需要注意的是，我们虽然可以用加工贸易的进出口差额来简单表示加工贸易的国内配套值，但这个配套值明显高估，根据我们在珠三角地区所做的调查，至少还应该减去加工贸易企业的利润（约占5%），再减去加工贸易企业除进口的原材料、零部件以外的费用如工资、利息、水电费用等（约占25%），以此国内配套值与加工贸易进口值比较，即可以得出加工贸易的国内配套率。中国近年来加工贸易的国内增值率和国内配套率详见图1－5。

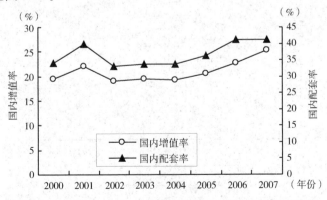

图1－5 中国加工贸易的停滞

　　由图 1 – 5 可知，2000 ~ 2004 年，中国加工贸易的国内增值率和国内配套率几乎是不变的，这说明了加工贸易国内链条的延伸停滞，即在相关产业链的国际分工中，加工贸易产品在中国生产的部分没有得到延伸。2005 年以后，中国加工贸易的国内增值率和国内配套率开始上扬，这主要是人民币升值造成的，人民币升值后，加工贸易进口价格下降，出口价格上升，中间的增值部分是数量性拉伸，而不是质量性提高。

　　之所以出现加工贸易"凝滞化"倾向，一个重要的原因就是中国的加工贸易已经陷入了"比较优势陷阱"，即本质上是一种劳动力要素贸易的加工贸易面临着劳动力的无限供给，从而缺乏进行升级转型的内在动力。中国大量集中在长江三角洲、珠江三角洲等地区的加工贸易企业在劳动力供给方面主要依靠上述地区以外的农民工，而农民工的工资水平则间接取决于世界农产品的价格水平。农产品的大部分，即粮食，在全球范围内属于同质化程度比较高的产品，其平均价格可以通过国际粮食期货市场价格来反映。中国的粮食产量主要由耕地数确定，而不是由劳动力确定，因为大量农村剩余劳动力的存在，在劳动力出现剩余前劳动的要素边际报酬早已经达到了 0 的临界值，或者说已经越过费景汉—拉尼斯拐点①。也就是说，在价格既定的条件下，中国的粮食总产值基本上是既定的，由于农业人口众多，农业劳动力的单位产值就是极低的，扣除生产费用，农业劳动力的单位报酬就更低。在此基础上，只要加工贸易企业的工资稍有增加，增加部分超过农民工在城市的最低生活费用，则加工贸易企业面临的劳动力供给就是无限的。

　　但是，中国是不可能永久地充当这种"世界工厂"的角色的。2008 年的金融危机使得世界范围内以金融衍生品为主的有价证券等"软财富"的大幅度缩水，欧美国家消费群体的财富幻觉消失了，再加上社会总体失业率不断攀升，直逼 30 年来最高水平，欧美民众不得不紧缩日常开支，整个社会消费需求下降，储蓄意愿直线上升。即便没有贸易保护主义的出现，世界货物贸易在未来几年萎缩 15% 也是相当正常的，而萎缩的部分恰恰主要是中国所从事的加工贸易行业②。况且，世界范围内的贸易保护主义正在拉开序幕，这一轮世界贸易保护主义采取了更加隐蔽的形式，如 WTO "反倾销" 规则的滥用。

---

① 费景汉，拉尼斯. 劳力剩余经济的发展 ［M］. 北京：华夏出版社，1989.
② 朱民. 一个持续波动的未来 ［J］. 南方周末，2009 – 7 – 2.

中国"出口导向"型发展已经遭遇到了前所未有的挑战，其实中国的内部经济环境也不再适宜于"出口导向"型经济形态的继续扩张。"出口导向"型的发展模式，使中国对外贸易顺差持续积累，中国迅速成为全球拥有外汇储备最多的国家，但巨额的外汇储备在中国特殊的结售汇制度安排下，引发中央银行基础货币总量高企，货币供应量的增加，不仅使国家的货币制度的独立性受到严重挑战，也为将来的通货膨胀埋下了隐患。同时，这种发展模式对中国自然环境的掠夺式利用已经形成了不可逆性的灾难后果，延之不返，将祸及万代子孙。

中国已经不能在"出口导向"型的发展道路上继续前行了。

第二章

倾 销 与 反 倾 销

第一节　倾销的本质与反倾销的政治经济学分析

> 通过对倾销种类进行系统的梳理，研究分析表明：倾销在本质上只不过是市场分割条件下需求弹性不一致引致的国际价格歧视，或是生产者在模仿生产阶段为扩大产量而产生的必然现象。反倾销则是一种合法的贸易保护主义工具，它不仅损害了出口国的利益，同时损害了进口国的利益。反倾销政策的频繁使用是相关利益集团成功游说政府的结果。

关于"倾销"的经济学文献浩如烟海。但是，所谓的"倾销"（Dumping）却是一个相当模糊并且法律意义极不严谨的概念。现行的WTO《反倾销协议》这样规定：倾销是指一项产品的出口价格低于其在正常贸易中出口国供其国内消费的同类产品的可比价格，即以低于正常价值的价格进入另一国市场。这个概念用"低价销售"在形式上的同一性掩盖了其产生原因的多样性和本质的复杂性。

本章将通过对"倾销"这样的经济行为进行分类梳理，探讨"倾销"的本质特征，由此进一步揭示"反倾销"的本质特征，并对"反倾销"行为进行政治经济学的分析。

一、"倾销"的分类

对"倾销"的本质的认识，理论上的起点在于对"倾销"行为进行正确的分类。

但对"倾销"进行分类是相当困难的，从不同的角度、不同的方法、不同的概念外延出发可以产生多种划分方式，稍不慎即会产生逻辑上的混乱。雅各布·瓦伊纳（J. Viner）1923 年出版的著作目前仍是倾销研究中最权威、最令人折服、最高引用率的学术文献①。瓦伊纳按照倾销的动机和持续时间划分的倾销类别如表 2 - 1 所示。

表 2 - 1　　　　　　　　　　　　瓦伊纳对倾销的分类

动　机	持续时间
为处理偶然积压的存货	突发
出于无意	
为在某个市场维持一定的关系，如果从其他角度来看，该价格却是不可接受的	
为在新市场发展贸易关系以及在买方中建立起信誉	短期或间歇
为消除倾销市场上的竞争	
为在倾销市场先发制人，阻止形成竞争局面	
对进口倾销实行报复	
为使现有工厂设备保持充分开工，同时不降低国内价格	长期或持续
为获得更大规模生产的利益，同时不降低国内价格	
纯粹出于重商主义思想	

资料来源：瓦伊纳. 倾销：国际贸易中的一个问题（中译本）. 北京：商务印书馆，2003.

我们不认为瓦伊纳的这个分类是完美的，它不仅烦琐，在逻辑也欠清晰，但它确实提供了一个进一步讨论的框架。排除一些非主观意愿的"倾销"行为（如动机2），巴萨勒（J. F. Beseler）和威廉姆斯（A. N. Williams）把"倾销"归纳为四种类型：出清存货或出口多余的产品，通过稍高于边际成本但

① 瓦伊纳. 倾销：国际贸易中的一个问题 [M]. 北京：商务印书馆，2003.

低于平均成本的价格使短期利润最大化，为了保持市场地位和维持充分就业，掠夺性倾销①。在这里，前三种情况比较容易理解，但第四种情况即"掠夺性倾销"仍然使人费解。其实，"掠夺性倾销"这个概念并不是巴萨勒和威廉姆斯的原创，它是承继于瓦伊纳的，瓦伊纳并没有为"掠夺性倾销"制定严格的定义，但在使用这一词汇时，瓦伊纳强调"掠夺性倾销"的主观意愿在于"为其产品取得对某一外国市场的控制"，而这一层含义与第三种情况是相通的。由此看来，巴萨勒和威廉姆斯的"倾销"分类虽然对瓦伊纳的分类进行了精练，但它在逻辑上仍存在混乱。

我们逐一检讨巴萨勒和威廉姆斯的各种类型。第一种"出清存货或出口多余的产品"不仅可能发生于两个市场上，而且更可能发生于一个市场内部，这种极其偶然的事件不是事情的常态，我们在讨论"倾销"的本质时，可以不予考虑。第二种"通过稍高于边际成本但低于平均成本的价格使短期利润最大化"揭示了"倾销"行为获得利益的秘密，在边际成本与平均成本交点的左侧（因为"倾销"都是以扩展市场增加销量为目的的，故边际成本小于平均成本），即随着市场范围的扩大，企业定价行为中只考虑增量成本而不再考虑固定成本时，销量越多对企业越有利。第三种情况"为了保持市场地位和维持充分就业"与第四种情况"掠夺性倾销"在逻辑上没有延续第二种情况的一贯性，而且"为了保持市场地位和维持充分就业"与"为其产品取得对某一外国市场的控制"之间不是互斥的，两者具有极大程度的相关。其实，我们顺着第二种情况的思路继续探究，所谓的"控制"或"掠夺"是否可以等同于"通过低于边际成本的价格进行销售"呢？完全可以。

这样看来，"倾销"可以被认为是一种"价格歧视"行为。依"歧视"的程度而言，在国外市场的价格低于国内市场价格的前提下——这是"倾销"行为在形式上成立的必要条件，"倾销"分为三种情况：国外市场的价格高于平均成本，国外市场的价格低于平均成本但高于边际成本，国外市场的价格低于边际成本。进一步的，前两种情况是伴随着规模经济而不断增加盈利（或减少亏损），只有最后一种情况才是导致亏损增加的。

---

① Beseler, J. F., Williams, A. N.. Anti-Dumping and Anti-Subsidy law, *The European Communities* [M]. 1986.

二、"倾销"的本质

彼得·林德特（P. H. Lindert）认为，倾销是一种国际价格歧视，但林德特并没有进一步给出理论解释[①]。

为了消除问题本身的复杂性所可能引起的混乱，避免不必要的歧义，我们在分析"倾销"的本质时分"盈利情况下的倾销"和"亏损情况下的倾销"两种类型来说明。

1. 盈利情况下的倾销

盈利情况下的"倾销"实际是一种普通的三级价格歧视，即在同一市场上消费者支付的价格是相同的，在不同的市场上销售者采用不同的线性价格。

一个生产者只有一条边际成本曲线 MC，但面临着国外、国内两个不同市场的两类不同的需求 D_1 和 D_2，假设 D_1 的需求弹性为 ε_1，D_2 的需求弹性为 ε_2，生产者利润最大化的问题表示为：

$$\max\{P_1(Q_1)Q_1 + P_2(Q_2)Q_2 - C(Q_1 + Q_2)\}$$

其中，P_i 为市场 i 的价格；Q_i 为市场 i 的销售数量；C 为总成本。最优解为：

$$MR_1(Q_1) = MC(Q_1 + Q_2)$$
$$MR_2(Q_2) = MC(Q_1 + Q_2)$$

弹性差异与价格差异之间的关系为：

$$MR_1(Q_1) = P_1\left(1 - \frac{1}{\varepsilon_1}\right)$$

$$MR_2(Q_2) = P_2\left(1 - \frac{1}{\varepsilon_2}\right)$$

所以：

$$P_1\left(1 - \frac{1}{\varepsilon_1}\right) = P_2\left(1 - \frac{1}{\varepsilon_2}\right)$$

---

① 林德特. 国际经济学（中译本）［M］. 北京：经济科学出版社，1992.

$$\frac{P_1}{P_2} = \frac{\left(1 - \dfrac{1}{\varepsilon_2}\right)}{\left(1 - \dfrac{1}{\varepsilon_1}\right)}$$

当两个市场上的需求弹性不同时，两个市场上的价格必然是不同的。这种不同也可以用几何图示来表达，见图 2 - 1。

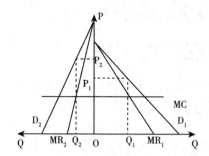

图 2 - 1　两个市场上的价格差异

图 2 - 1 中 D_1 和 D_2 斜率的不同，代表了两个市场的需求弹性不同。当国外市场需求弹性小于国内市场需求弹性时（$\varepsilon_1 < \varepsilon_2$），国外市场价格就大于国内市场价格；当国外市场需求弹性大于国内市场需求弹性时（$\varepsilon_1 > \varepsilon_2$），国外市场价格就小于国内市场价格，即所谓的"倾销"，也就是图 2 - 1 所示的状态。之所以如此，是因为需求弹性较大时，价格的下降会带动销售数量更大的增长，从而在低价格水平条件下的销售将获利更多。

2. 亏损情况下的倾销

生产者为什么会以低于边际成本的价格在国外市场上销售呢？此时销售得越多，生产者的直接经济损失越大。

其原因在于：当产品的生产者是一个行业的新进入者，其生产实际处于模仿生产阶段，其模仿生产的是具有"学习曲线"的产品，这种产品的生产成本必须依赖于销量扩大才能迅速下降。

假设国内、国外两个企业单位时间 i 的供货率分别为 X_i，X_i^*，则国内企业的收入函数是：

$$R_i = R_i(X_i, X_i^*)$$

在成本方面，国内企业面临某个时点上不变的运输成本 t_i，面临某个时点上不变的边际成本 μ。但边际成本取决于过去的产量，以 $Q = \sum X_i$ 表示企业的产量增长率，相对于时间 T 的累计产量为：

$$K = \int_0^T Q dz$$

边际成本是累计产量的递减函数：

$$\mu = \mu(K)$$

T 时期内，国内企业追求利润最大化的目标为：

$$\max\left\{\int_0^T \sum_i \left[R_i(X_i, X_i^*) - t_i X_i - \mu(K) X_i\right] dt\right\}$$

国内企业每向国外多销售一个单位产品，都会使运输成本、边际成本、未来的边际成本下降。上式的一阶条件是：

$$\frac{\partial R_i}{\partial X_i} - t_i - \mu - \int_0^T \frac{\partial \mu}{\partial K} \cdot Q dz = 0$$

按时间不同得到：

$$\frac{d}{dt}\left[\frac{\partial R_i}{\partial X_i} - \frac{d}{dt}\mu + \frac{\partial \mu}{\partial K} \cdot Q\right] = \frac{d}{dt} \cdot \frac{\partial R_i}{\partial X_i} = 0$$

即企业是根据一个固定不变的影子边际成本来确定产量，在到达时间 T 之前（初始阶段），影子边际成本小于实际边际成本。此时生产者为了扩大市场就会把价格定在低于初期边际成本（当然也低于初期平均成本）但高于整个产品生命周期平均成本的水平上。

企业以影子边际成本进行生产也可以用图 2－2 形象地表达。

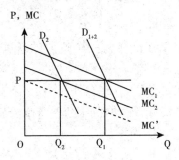

图 2－2　模仿生产厂商的影子边际成本

图 2－2 中，MC_1 代表发达国家或创新国家厂商的边际成本曲线，MC_2 代

表发展中国家或模仿国家厂商的边际成本曲线，D_{1+2} 代表市场总需求，它等于发展中国家市场总需求（D_2）加上发达国家市场总需求（D_1）。假设发展中国家进行生产，它可以在即定价格 P 下生产 Q_2 数量的产品；假设发达国家进行生产，它可以在即定价格 P 下生产 Q_1 产品。发展中国家拥有廉价的生产要素，从而有一条较低的边际成本曲线，但发展中国家在竞争中处于不利地位，模仿生产厂商为尽快使产量提高，就只能在 P 价格水平以下销售，生产决策时不依赖于 MC_2，而以一个假想的低于 MC_2 的影子边际成本曲线 MC′为基础。

当然，图 2 - 2 中为了分析方便，假设生产者的初始销售价格在两个市场上是没有差别的 P，假设 D_{1+2}、D_2 是平行的（$\varepsilon_1 = \varepsilon_2$），实际上国外和国内两个市场的需求弹性总是不同的，D_{1+2}、D_2 不会是平行的（$\varepsilon_1 \neq \varepsilon_2$），所以国际价格歧视是无处不在的。

此时的问题我们又回到上面"盈利情况下的倾销"的讨论。当国外市场需求弹性大于国内市场需求弹性时（$\varepsilon_1 > \varepsilon_2$），国外市场价格就小于国内市场价格，即"倾销"成立。即使国外市场需求弹性小于国内市场需求弹性（$\varepsilon_1 < \varepsilon_2$），国外市场价格大于国内市场价格，按照现行"反倾销规则"的市场替代制度，即"不以出口国国内销售价格确定正常价值"制度，仍可被认定为"倾销"。

三、"反倾销"的本质

既然"倾销"的本质是一种"价格歧视"，价格歧视是企业的正常市场行为。那么，"反倾销"呢？它的本质就是一种贸易保护主义这样一种结论成立吗？

这个结论若要不成立，必须有一个先决条件，就是"掠夺性倾销"——出口企业为了消除其竞争者，并且在竞争消除后再提高价格，而暂时采取的特别优待外国购买者的价格歧视——是普遍存在的，并且是一种主要形态。

"掠夺性倾销"不论在历史上还是在现实中确实存在过，但在现代经济条件下，它的出现已经非常稀少了。因为在竞争性市场上，试图消灭所有其他竞争者而暂时降低产品价格的厂商会很快发现，一旦他再度提高价格，不仅被消灭的竞争者会立即复活，而且许多跨国公司也会以高效率的大规模生产方式切入市场，使原来的竞争更加激烈。

既然"反倾销"在本质上是一种贸易保护主义，那么它为什么能在高张贸易自由主义旗帜的 WTO 法律框架下长期存在呢？

国际上最早的反倾销法规产生于加拿大，在 1914 年第一次世界大战前世界上通过反倾销立法的国家共有四个——加拿大、澳大利亚、新西兰、南非，他们都是英联邦国家，其立法过程受到英国殖民当局的操纵，目的在于维护英联邦内部利益，抵制非英联邦成员国的产品进入英联邦市场。加拿大等国的反倾销法明显带有歧视性质，它并没有充分考虑消费者和中间生产者的利益，其理论依据完全依赖于直觉的自我保护意识，即反对含有垄断市场意图的低价销售，为了给差别价格销售寻找一个形式上的合理的反对理由，它将所有的低价销售行为不区分性质地定义为"倾销"（"倾销"一词的混乱使用也从此开始了）。1916 年美国制定《关税法》首次引入了针对垄断性定价行为的反倾销条款，1921 年美国对该条款进行重大修订并形成了《反倾销法案》，该法案出台的基本背景是，1920 年美国经济出现了重大衰退，失业率高达 12%，美国国内产业急需制定保护措施的法律规则。1947 年美国将其国内的 1921 年《反倾销法案》夹带进由其主导的《关税与贸易总协定》中，并最终形成了《1947 年关税与贸易总协定》第 6 条款，今天的 WTO《关于实施〈1994 年关税与贸易总协定〉第 6 条的协议》，又称《反倾销协议》，是在《1947 年关税与贸易总协定》第 6 条基础上演变而来的，只要不与《反倾销协议》相冲突，《1947 年关税与贸易总协定》第 6 条的规定仍然有效。在贸易自由主义的框架内，挟裹进一个贸易保护主义的条款，制度本身所包含的内在逻辑矛盾是此后引发相关贸易争议的根本原因。

"反倾销"的贸易保护主义政策，在频繁使用中扭曲了国际间经济资源的配置，不仅损害了生产国的利益，也严重损害了"反倾销"发起国即进口国的利益。

"反倾销"保护的必要与否，主要取决于"反倾销"行为是否有利于反倾销发起国相关行业的相对生产率和相对就业率的提高。但令人沮丧的是，迄今为止还没有实证研究结论能够支持这个结果[①]。相反，反倾销发起国对一个具有垂直关联性的产品征收反倾销税，还将对其具有关联效应的下游产品

---

① 威廉·克莱因. 美国的贸易和产业政策：纺织、钢铁和汽车产业的经验//载保罗·克鲁格曼主编，海闻等译. 战略性贸易政策与新国际经济学［M］. 北京：中国人民大学出版社、北京大学出版社，2000：299 - 338.

或行业带来负面影响，并且随着时间的推移和传递的延伸，会对反倾销发起国形成反倾销保护的多米诺骨牌效应，反倾销发起国的福利水平将随着产业链被锁定于渐进下降的滴流状态（trickling-down）之中①。

2003 年，美国企业家协会组织调查并发布了《高科技保护主义：反倾销制度的非理性》分析报告，报告对美国在高级计算机、平面液晶显示器、半导体和钢铁四个高科技领域的反倾销案例进行实证分析，表明反倾销不但不能保护上述产业，反而让美国整个经济体付出了高昂的成本。以钢铁业为例，由于新技术的采用，国内需求结构的改变，美国钢铁业已经进入了夕阳时代，其就业人数从 1980 年的 40 万人下降到 2002 年的 15 万人。但钢铁业却是美国最频繁地发起反倾销调查的行业，1970～2002 年，美国共发起 258 起反倾销调查，其中钢铁行业发起 123 起。反倾销制裁每减少 15% 的钢铁进口，可以为美国挽救 6 000 个钢铁业就业机会，但下游企业和消费者因反倾销税则要多付出 270 亿美元的成本，也就是说每挽救一个钢铁业的就业机会，美国就要花费 45 万美元的成本，这还不包括为了挽救 6 000 个钢铁业就业却同时丧失了下游企业的 1.8 万个就业机会②。可见美国并没有从钢铁业的反倾销制裁中得到益处。

四、"反倾销"政策的形成

当代国际经济关系中最常见的贸易保护主义政策——"反倾销"政策，在实践中不过是贸易利益集团的一个工具。戈登·塔洛克（G. Tullock）曾经在研究了关税造成的福利损失后明确提出关税是利益集团游说的结果③，"反倾销"关税自然也不可能例外。

"反倾销"政策能否成功实施取决于游说意愿，游说意愿的强弱则取决于"游说收益"和"游说成本"的比较。

如图 2-3 所示，OBC 曲线是实施反倾销政策的游说收益曲线，随着反倾销税的提高，利益集团的收益不断增加，但游说的边际收益是递减的；到达

---

① 魏遥，雷良海. 反倾销保护对进口国的福利效应分析 [J]. 经济问题探索，2007（2）.

② 胡国栋. 反倾销制度的代价和效应分析 [EB/OL]. http：//www.cacs.gov.cn.，2004.

③ Tullock, G.. The Welfare Costs of Tariffs, Monopolies, and Theft [J]. *Western Economic Journal*, 1967（3）.

B 点，表示禁止性关税水平，游说的边际收益为 0，关税再提高已经没有意义。OA 曲线是实施反倾销政策的游说成本曲线，它表示的是用货币单位衡量的促成"反倾销"制裁的游说活动的总成本，游说的边际成本递增，说明征收越高的反倾销税，游说越困难。利益集团的游说效果在关税提高到 t* 时达到最优化，此时游说收益和游说成本之间的"净收益"最高。如果游说成本过高，到达 E 点的右侧，游说收益低于游说成本，对利益集团来说是不值得的。OA''A'' 曲线说明了这种极端情况，OA'A'' 游说成本曲线全部位于 OBC 游说收益曲线之上，当利益集团很难组织起来，即政治游说的组织成本很高时，这种现象就会出现，许多新兴行业即如此。这也说明了为什么一些最初的组织成本已经支付过的行业，如钢铁、纺织等，从事游说活动十分方便，因此倾向于频繁使用"反倾销"政策手段维护自身利益。

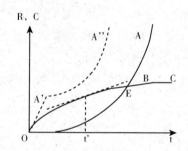

图 2-3 游说收益和游说成本的比较

决定"反倾销"游说成本的不仅包括利益集团的组织程度，还包括反倾销产品的消费者、反倾销产业的下游企业、担心遭遇对方报复的出口供应商的反对程度，还包括反倾销政策的供给方即政府的支持程度。

反倾销产品的消费者对贸易政策的影响力是极其微弱的，因为他们的组织成本极高，每个消费者都倾向于"搭便车"行为。反倾销产业的下游企业和担心遭遇对方报复的出口供应商可能有比较完善的组织，但他们的损失有未来的预期性特征，难以准确计量，很难游说成功，因此其经济利益转化为有效的政治行动也相当困难。

"反倾销"政策的贸易保护本身还进一步强化了利益集团的动机，将所谓保护幼稚产业、保护工作岗位的暂时性保护变成长久性保护，结果是被保护者对消费者和下游企业的"收费"永久地持续下去。于是贸易利益集团的游说和鼓噪就更加起劲了。

那么政府呢？政府从来就不是哈耶克意义上的"守夜人"角色。在杰弗里·布伦南和詹姆斯·布坎南的利维坦国家模型中，把政府视为一个恶意的收入最大化者而非一个仁慈的公共物品提供者[①]。斯蒂格勒（G. Stigler）认为管制政策是政府为满足利益集团的要求而制定的[②]，那么贸易政策同样是政府为满足利益集团的要求而制定的，政府只不过是在追求政治支持最大化的过程中成了利益集团的俘虏。当政府在制定"反倾销"政策时，其实是在从贸易保护主义利益集团取得政治支持与贸易自由主义利益集团取得政治支持之间的利益权衡，一个信奉并承诺贸易自由主义的政党为了选票可能委身于贸易保护主义集团的怀抱。

在这里，我们只是抽象地谈论政府，但政府从来不是抽象的，政府的构成是具体的个人，政府的"内部人控制"过程还将不可避免产生政府官员的"寻租"行为——这也是影响"反倾销"政策的一个重要因素。

五、简单的结论

"倾销"是一种国际价格歧视。在市场分割（不存在商品回流）情况下，生产国市场价格与进口国市场价格因两个市场需求弹性不同而不可能一致，进口国市场需求弹性大于生产国市场需求弹性时，进口国市场价格必然小于生产国市场价格。在发展中国家模仿生产具有"学习曲线"的产品时，发展中国家生产商的生产活动并不为边际成本所束缚，而以低于边际成本高于生产周期平均成本的方式安排生产。这两种情况都会产生所谓的"倾销"。"反倾销"只不过是贸易保护主义者的工具，它不仅损害了生产国的利益，而且损害了进口国的利益，干扰了国际间经济资源的合理配置。"反倾销"政策的形成是贸易保护主义利益集团在游说收益大于游说成本时游说政府的结果。因此，在当代国际经济关系中，要真正遏止贸易保护主义的泛滥，必须废除WTO制度框架内的"反倾销规则"。

---

① 缪勒. 公共选择理论（中译本）［M］. 北京：中国社会科学出版社，1999.

② Stigler, G.. The Throry of Economic Regulation ［J］. *Bell Journal of Economics*, 1971, Spring, No. 2.

第二节　国际反倾销规则中的贸易
保护主义因素分析

差价销售本是一种正常的商业策略，国际反倾销规则中将所有的低价销售行为不区分性质地定义为"倾销"。反倾销规则在替代国价格制度、结构价格制度、累积评估制度、倾销与损害因果关系确定、倾销幅度测算方面存在明显的贸易保护主义倾向。这种制度的代价是损害了反倾销国家的整体利益。

当代国际贸易的总体趋势是自由主义规则的现实化，但是在其规则的细节上也不时表现出保护主义的些许倾向。当代贸易保护主义与重商主义时代和国家主义时代的贸易保护主义有很大的不同，它不再单纯地追求贸易出超以获取财富，或者采取以保护幼稚产业为目的的高关税壁垒形式，而是依靠GATT/WTO 的反倾销、反补贴、保障措施，以及技术性标准、环保标准、劳工标准等合法性手段，对国内产业和产品进行隐蔽性保护。本章在此仅对当代贸易保护主义利用国际反倾销规则的形式进行梳理概括，以期为我国相关部门和企业应对当前国际经济秩序中的贸易保护主义行为有所裨益。

一、反倾销制度的贸易保护主义立法倾向

本来，差价销售作为一种商业性策略，无所谓"公平"与"不公平"，它只不过是在市场分割的条件下（不存在商品回流）企业的一种营销手段而已。举例来说，当某商品在一个市场上的销售价格为 $a+b+c$，其中 a 为单位固定成本，b 为单位可变成本，c 为利润。现在这一产品的生产者忽然发现了另外一个市场，不考虑价格的需求弹性，并假设两个市场的市场规模一样大，此时若生产者在两个市场上维持同样的利润率，那么新市场的销售价格为 $b+c$，因为固定成本已经在老市场上被摊销完毕，新市场的定价策略中只考虑"增量成本"就可以了。$a+b+c>b+c$，差价销售存在。当然，生产者也可

以将固定成本重新分摊，或者将差别价格在两个市场互换，但这都只不过是生产者本人的意愿问题，而不是什么公平与否的问题。

　　另一种情况，就是低于成本销售的问题。当一国的生产者必须同已经建立了相同产品生产的外国生产者竞争时，该国的生产者因为"学习曲线（learning curve）"的存在而实际上处于模仿生产阶段，他根本无法在初期就把价格定在足以弥补初始成本的高水平上，此时以暂时的或部分产品的亏本销售保证长期的或其他产品的盈利，应该也属于正常的商业行为①。

　　国际上最早的反倾销法规产生于加拿大，在1914年第一次世界大战前世界上通过反倾销立法的国家共有四个——加拿大、澳大利亚、新西兰、南非，它们都是英联邦国家，其立法过程受到英国殖民当局的操纵，目的在于维护英联邦内部利益，抵制非英联邦成员国的产品进入英联邦市场。加拿大等国的反倾销法明显带有歧视性质，它并没有充分考虑消费者和中间生产者的利益，其理论依据完全依赖于直觉的自我保护意识，即反对含有垄断市场意图的低价销售，为了给差别价格销售寻找一个形式上的合理的反对理由，它将所有的低价销售行为不区分性质地定义为"倾销"（dumping）。WTO《反倾销协议》现在仍沿用了这个规定：倾销是指一项产品的出口价格低于其在正常贸易中出口国供其国内消费的同类产品的可比价格，即以低于正常价值的价格进入另一国市场。

　　1916年美国制定《关税法》首次引入了针对垄断性定价行为的反倾销条款，1921年美国对该条款进行重大修订并形成了《反倾销法案》，该法案出台的基本背景是，1920年美国经济出现了重大衰退，失业率高达12%，美国国内产业急需制定保护措施的法律规则②。1947年美国将其国内的1921年《反倾销法案》夹带进由其主导的《关税与贸易总协定》中，并最终形成了《1947年关税与贸易总协定》第6条款，今天的WTO《关于实施〈1994年关税与贸易总协定〉第6条的协议》，又称《反倾销协议》，是在《1947年关税与贸易总协定》第6条基础上演变而来的，只要不与《反倾销协议》相冲突，《1947年关税与贸易总协定》第6条的规定仍然有效。在贸易自由主义的框架内，挟裹进一个贸易保护主义的条款，制度本身所包含的内在逻辑矛盾是

---

　　①　沈瑶. 模仿生产与低于成本倾销——兼论针对发展中国家反倾销措施的公平问题 [J]. 世界经济，2003（10）.

　　②　岳崋. 国际反倾销不公平性研究 [J]. 国际经济合作，2003（2）.

此后引发相关贸易争议的根本原因①。

WTO 是贸易自由主义的产物，其框架下的《反倾销协议》当然不能明目张胆张扬贸易保护主义。其实《反倾销协议》也不是一味地反对低价销售，只有低价销售对进口国的产业造成实质损害、实质损害威胁或实质阻碍设立时，反倾销才具有合法性。因此，倾销行为的确立必须具备以下三个相互关联的因素：出口商品的正常价值，出口商品的出口价格，以及由前两者所决定的国内产业的损害程度，应该说，WTO《反倾销协议》对此试图进行了十分严格的界定。但问题的关键是，"国内产业""正常价值""正常价格""重要损害"……一连串的术语很难为之下一个滴水不漏的清晰的法律定义。这就给了反倾销利益集团很大的游说和解释空间，也给了反倾销裁决机构很大的自由裁量权。

二、反倾销规则中的贸易保护主义条款

国际反倾销规则包括实体规则和程序规则两大部分，实体规则主要包括倾销和损害的确定，其间的因果关系等内容；程序规则主要包括申请立案、调查、初裁、复审、征税等程序内容。我们下面仅就实体规则中经常被贸易保护主义者滥用的相关条款进行评析。

1. 替代国价格制度

WTO《反倾销协议》规定产品正常价值的确定有三种方法：一是按正常贸易过程中出口国国内销售价格；二是按出口国向第三国正常贸易中的出口价格；三是按结构价格。在存在以下例外情况时，不能以出口国国内销售价格确定正常价值：第一，出口国国内市场正常贸易中不存在被指控的同类产品；第二，出口国国内市场上主要是关联企业之间的非正常贸易；第三，虽然被指控产品在出口国国内市场有销售，但销售量过低（低于5%），不适当比较。这里，关键是对第一条的理解问题，到底什么是正常贸易呢？什么又是非正常贸易呢？WTO《反倾销协议》本身没有明确的规定。

在实践中，各个国家恰恰是利用这一规定的粗略和模糊，在其国内立法中按照各自的理解和需要进行解释。当前流行的对"非市场经济体制"

---

① 张为付. 倾销与反倾销的历史演变及时代特征［J］. 南京社会科学，2004（7）.

的认定就是这一规定的产物。WTO《反倾销协议》中从未提及"非市场经济"的概念，更缺乏进一步的明确规定，但西方发达国家普遍采用的这一做法暗含着"非市场经济"与"非正常贸易"的逻辑统一性，因而获得了WTO默认。

美国对于原计划经济国家都因为其国际贸易受到垄断制约而不承认其"市场经济"地位，并在这些国家加入WTO的谈判中详加明确。根据中国"加入WTO"的中美贸易谈判，《中国加入世界贸易组织议定书》第15条"确定补贴和倾销时的价格可比性"a（ii）项规定："如受调查的生产者不能明确证明生产该同类产品的产业在制造、生产和销售该产品方面具备市场经济条件，则该WTO进口成员可使用不依据与中国国内价格或成本进行严格比较的方法"。议定书第15条d项同时规定："无论如何，a（ii）项的规定应在加入之日后15年终止"①。就是说，在中国正式加入WTO的15年内中国仍然可以被认为"非市场经济体制"，此过渡期内，WTO成员在进行反倾销调查时可以任意对中国出口产品使用第三国替代价格计算倾销幅度。

美国国内对"非市场经济"的判定依赖于以下标准：（1）该国货币与其他国家货币的可兑换程度；（2）雇员与雇主谈判工资的自由程度；（3）该国对合资企业或其他外国投资的准入程度；（4）政府所有权或对生产资料的控制程度；（5）政府对资源分配的控制程度与决定价格和产量的程度；（6）以及行政当局认为合适的其他因素。该标准见于1930年《关税法》第7条，其规定相当模糊，在操作中弹性相当大。另外，美国联邦行政法规第19编中引入了"市场导向型产业"的概念，允许"非市场经济"所在国的企业在反倾销案件中申请所在行业被认定为"市场导向型产业"，其判断"市场导向型产业"的标准是：（1）政府基本不干涉相关产品的产量和定价；（2）生产该产品的产业以私有和集体所有制为主；（3）所有主要生产要素和原材料以市场决定的价格购入。这些标准同样是不清晰的。

欧盟则在1994年的519/94理事会条例中列举了17个"非市场经济"国家的清单。1998年欧盟不再将中国和俄罗斯列入"非市场经济"名单，但也没有承认中俄的市场经济地位，而是成为所谓的转型经济国家，2000年越南、乌克兰、哈萨克斯坦也被列入转型经济国家。欧盟对"市场转型经济"国家的外国企业允许其在单个案件中独立申请市场经济地位，其判断的标准是：

---

① 石广生．中国加入世界贸易组织知识读本（二）［M］．北京：人民出版社，2002．

（1）有足够证据表明企业有权根据市场供求情况决定价格、成本、投入等，不受国家的明显干预；主要原料的成本价格能够反映其市场价值；（2）企业有一套完全符合国际财会标准并能在所有情况下使用的基本财务记录；（3）企业的生产成本与金融状况，尤其是在资产折旧、购销、易货贸易、以资抵债等问题上，不受非市场经济体制的重大歪曲；（4）确保破产法及资产法适当地适用于有关企业，以保证法律上的确定性及企业经营的稳定性；（5）汇率随市场汇率的变化而变化。上述标准的模糊性自不待言，2002 年欧盟基于"反恐"的需要承认了市场化程度远不及中国而且尚不是 WTO 成员的俄罗斯的市场经济地位，以此足见所谓"市场经济"标准的随意性①。

当前，所谓的"非市场经济"体制已经成为贸易保护主义者寻找借口，滥用替代国制度实行贸易保护的惯用工具。只要一个国家被贴上了"非市场经济"的标签，它的出口产品就可以在反倾销调查中按替代国价格确定出口商品的正常价值，而替代国的选择相当随意，因此它极不公平、极不合理。美国在确定中国彩电是否存在倾销时，用印度作为替代国，而印度彩电产业还处于草创阶段；欧盟在确定中国彩电是否存在倾销时，用新加坡作为替代国，而新加坡的劳动力成本平均是中国的20 倍。选择这样的替代国，得出中国彩电存在倾销的结论就几乎是必然的。

2. 结构价格制度

结构价格制度是替代国价格制度的进一步延伸。替代国价格制度是直接选用第三国的生产价格确定支持价值，结构价格制度要比直接选用第三国的生产价格的方法复杂。它实质上是"生产要素价值法"的替代国价格制度。

在出现"非市场经济"等非正常贸易情况，出口国出口商品的正常价值无法直接确定，可以使用"生产要素价值法"来推定出口产品的正常价值。具体的做法是：将被调查产品的生产要素按照生产过程进行分解，分解成原材料数量、资本投入、工时费、能耗和其他耗费等，生产要素数量乘上替代国的生产要素价格水平计算出生产成本，再加上合理比率的管理费用、销售费用、包装费用、适当利润就确定出被调查产品的正常价值。

这种制度的缺陷之一是同简单的替代国制度一样抹杀了出口国的比较优势。一般情况下，出口国生产某产品的要素禀赋优于替代国，这时出口国的生产要素价格低于替代国的生产要素价格，否则替代国会取代出口国的贸易

---

① 邓德雄. 欧盟反倾销法最新修订评价 [J]. 国际贸易，2004（4）.

位置，从而发生"贸易转移"。而以替代国的要素价格代替出口国的生产要素价格将不可避免地提高出口国的"正常价值"，自然就会抬高反倾销的幅度和反倾销税率①。

这种制度的缺陷之二是貌似严谨，但操作起来过于复杂和烦琐。在每一个环节上进口国的产业利益集团都可以选择对自己有利的计算方法，"误差累加"作用会使"正常价值"的最终结果严重失真，偏离正常轨迹。

3. 累积评估制度

仅仅存在"倾销"并不能成为采取反倾销措施的理由，而必须是倾销给进口国的同类产业造成了重大损害。但对于什么是重大损害？重大损害的依据是什么？根本就缺乏可度量的统一标准。撇开这个常被贸易保护主义者利用的制度漏隙不谈，美国从20世纪70年代开始在国内反倾销立法中采用了一种确定损害的新方法，1994年WTO《反倾销协议》增加了一个新条款引入了这种方法：累积评估。即当一个国家的进口产品不足以做出国内产业损害效应的判断时，可以将几个国家的同类进口产品合并计算确定国内产业的损害效应。

当来自每个国家进口产品的倾销幅度超过了2%的最低标准，并且从某一特定国家进口商品的数量超过了进口国同类产品进口总量的3%，或虽然从某一特定国家进口商品的数量低于进口国同类产品进口总量的3%，但从几个国家进口商品的数量合计大于进口国同类产品进口总量的7%，那么根据进口商品之间的竞争情况和进口商品与国内同类产品之间的竞争情况，对进口的影响实行累积评估就是适宜的②。

累积评估的方法对一些发展中国家来说是极不公允的。由于历史的原因，这些国家的经济规模普遍较小，出口商品在国际市场上的份额也较小，又由于自然地理等原因，这些国家在传统产业上的产业结构趋同，产品同质化程度高。国际反倾销规则中累计评估方法的采用，放宽了反倾销制度的倾销标准，意味着对这些国家的公开歧视，它把许多数量很小的发展中国家卷入了反倾销诉讼的争端之中。而且，国际反倾销规则对"适宜"的规定缺乏严格定义，实际上由进口国反倾销调查机关自由裁量，这一明显带有单边主义的

---

① 冯昕. 贸易保护主义与非市场经济规则——美国对华反倾销理论与实证分析//中国国际贸易委员会编辑出版委员会. 形势与对策2004. 北京：中国商务出版社，2004.

② 王丽华. 国际反倾销制度的实质不公平及我国的对策［J］. 厦门大学学报（哲学社会科学版），2005（2）.

制度设计为发达国家对发展中国家实行"逆向贸易保护"大开方便之门。

4. 倾销与损害因果关系

WTO《反倾销协议》明确规定：在确定倾销与损害之间的因果关系时不能把非倾销因素对国内产业造成的损害归咎于被指控倾销的进口产品。因此，各国家的反倾销调查部门有义务对所拥有的全部相关证据进行审查，包括审查除倾销以外的其他已知因素，以确认这些非倾销因素是否与国内产业之间已经存在确凿的因果联系，由此排除所谓的倾销与国内产业损害之间的关系。国际反倾销规则规定的应予审查的与倾销无关的"其他因素"至少包括：以非倾销价格销售的进口产品的数量和价格；国内需求的减少或国内消费方式的变化；外国与国内生产商之间的竞争；贸易限制措施的作用；国内工业的技术革新；出口实绩与国内工业生产能力的变化等。但在审查过程中，非倾销因素的审查权掌握在进口国反倾销调查当局手中，其是否进行了实质审查，审查的程度如何，并不取决于出口国。即便出口国要求复审或提出法律诉讼，则必须实行"控方举证"，而出口国举证进口国产业损害的因素又存在现实的困难，一般情况下，出口国很难应付这种贸易保护主义的裁决。

5. 倾销幅度测算

出口商品的出口价格若低于正常价值则构成倾销，其差额即为倾销幅度。不过，确定倾销幅度不能简单地对正常价值和出口价格进行比较。因为两种价格产生的方式不同，产品的销售和价格受到市场环境、价格条件、信贷条件、运输成本、消费方式、消费时间等多方面影响，在计算正常价值和出口价格时需要据此进行调整。应该予以调整的因素有贸易渠道不同所造成的相关费用是否应该增列、扣减或抵冲，销售数量过大时是否存在价格折扣，销售环节是否存在需要调整的佣金、质量保证费、技术服务费、担保费、信用费、仓储费、广告费等费用，产品的物理特性是否存在差异，汇率持续波动或汇率受到干预时的影响，等等。但对于调整的技术细节，国际反倾销规则也没有统一的规定，一般由各国自行确定。如美国所使用的倾销幅度计算公式是：

$$倾销幅度 = \frac{正常价值 - 出口价格（出厂价）}{出口价格（FOB）}$$

欧盟所使用的倾销幅度计算公式是：

$$倾销幅度 = \frac{正常价值 - 出口价格（出厂价）}{出口价格（CIF）}$$

不同的倾销幅度确定方法，为贸易保护主义提供了自由裁量的空间①。

三、反倾销规则中贸易保护主义的制度代价

利用国际反倾销规则实行贸易保护已经成为当代贸易保护主义的主要形式。对于国际反倾销规则中涉嫌有贸易保护主义倾向的内容，人们近年来不断对其进行强烈的质疑和抨击。最近二十多年来，国际上反倾销的发起方多是发达国家，发达国家利用反倾销规则保护其并不具备比较优势和竞争优势的夕阳产业。早在 20 世纪 40 年代，萨缪尔森等人就研究表明，自由贸易会使生产要素价格在各贸易方之间不断均等化，而贸易保护会增加被保护产业所密集使用的生产要素的收入（"赫克歇尔—俄林—萨缪尔森定理"和"斯托尔珀—萨缪尔森定理"）。因此，发达国家夕阳产业的资本集团和劳工组织极力游说利用反倾销手段进行贸易保护，并成为反倾销调查的积极发起者。

但是贸易保护必然损害消费者的利益，损害经济体的整体利益。1991 年美国对从挪威进口的马哈鱼实行反倾销制裁，使美国相同产业每增加 1 美元的收入，消费者就要多支付 23～27 美元②。2003 年，美国企业家协会组织调查并发布了《高科技保护主义：反倾销制度的非理性》分析报告，报告对美国在高级计算机、平面液晶显示器、半导体和钢铁四个高科技领域的反倾销案例进行实证分析，表明反倾销不但不能保护上述产业，反而让美国整个经济体付出了高昂的成本。以钢铁业为例，由于新技术的采用，国内需求结构的改变，美国钢铁业已经进入了夕阳时代，其就业人数从 1980 年的 40 万人下降到 2002 年的 15 万人。但钢铁业却是美国最频繁地发起反倾销调查的行业，从 1970 年到 2002 年，美国共发起 258 起反倾销调查，其中钢铁行业发起 123 起。反倾销制裁每减少 15% 的钢铁进口，可以为美国挽救 6 000 个钢铁业就业机会，但下游企业和消费者因反倾销税则要多付出 270 亿美元的成本，也就是说每挽救一个钢铁业的就业机会，美国就要花费 45 万美元的成本，这还不包括为了挽救 6 000 个钢铁业就业却同时丧失了下游企业的 1.8 万个就业机会③。可见不论美国钢铁业还是美国经济整体，并没有从反倾销制裁中得到

---

① 尚明．反倾销（WTO 规则及中外法律与实践）[M]．北京：法律出版社，2003.
② 赵维田．论 WTO 的反倾销规则 [J]．法学研究，1999（2）．
③ 胡国栋．反倾销制度的代价和效应分析 [EB/OL]．http：//www.cacs.gov.cn.

益处，反倾销法则的贸易保护主义理论目标与现实冲突根源于其内在的逻辑矛盾，是不可调和的。

第三节　美国和欧盟反倾销法实体规则的比较

> 美国和欧盟的反倾销法规分属于普通法系和大陆法系两个不同的架构体系，两套反倾销法规在实体规则中关于倾销行为的认定、产业损害的确认、倾销行为与产业损害因果关系的认定以及价格承诺制度、反规避规则、反吸收规则等方面，既有极大的相同之处，又存在明显的差异。

美国和欧盟是中国最大的出口产品接受国，也是近年来对中国出口产品实施反倾销审查最密集的地区。认真研究美国和欧盟的反倾销法对于中国企业扩大产品出口，应对当前国际经济秩序中的新贸易保护主义无疑具有重大的意义，本章拟从反倾销法规的实体规则角度对美欧反倾销法的体系架构、倾销行为的认定、产业损害的确认，以及价格承诺和反作弊规则进行比较分析。

一、美欧反倾销法规的体系架构

1916 年美国为了应对国际价格歧视等国际掠夺性定价行为，将反倾销法内容从反垄断法中独立出来，这部分内容构成了美国 1916 年《关税法》的第 800~801 条款，其后于 1921 年美国又对该条款内容进行了重大修改，形成了 1921 年《反倾销法案》。1979 年美国通过了《贸易协定法》，《贸易协定法》废止了 1921 年的《反倾销法案》，在 1930 年的《关税法》中增加第 7 章来实施反倾销守则的规定。此后的 1984 年《贸易与关税法》，1988 年《综合贸易与竞争法》，1994 年的《乌拉圭回合协定法》都对 1930 年《关税法》中第 7 章进行了重大修改。

美国是一个普通法系的国家，目前美国国内生效的反倾销法规不仅包括经过多次修订的 1930 年《关税法》第 7 章和美国国会通过的相关贸易法规中反倾销条款内容等成文法，也包括美国商务部和国际贸易委员会制定的条例，以及美国国际贸易法院和上诉法院的有关判例。可以说美国的反倾销法具有一个相当复杂的体系结构。

美国的反倾销法直接推动了当代国际反倾销法规的建立，1947 年《关税与贸易总协定》（GATT）第 6 条就是根据美国 1921 年《反倾销法案》制定的，1994 年国际贸易组织（WTO）《反倾销协议》由 GATT 第 6 条演化而来。

美国法律明确规定，其国内法优于国际法，因此在美国遭遇反倾销诉讼时，美国国内的反倾销法是凌驾于 WTO《反倾销协议》国际法之上的，尤其是美国国内的反倾销法规与 WTO《反倾销协议》不一致时，美国国内的裁决会明显偏袒美国反倾销申请人①。

欧盟的第 1 部反倾销法规是 1968 年的《欧洲经济共同体理事会关于抵制来自非共同体成员国的进口产品倾销和补贴条例》（EEC. 459/68）。此后，分别于 1973 年、1979 年、1984 年、1987 年、1988 年、1994 年、1995 年、1998 年、2000 年、2002 年、2003 年欧盟对其反倾销法规经过多次补充和修订，目前生效的反倾销法是 2004 年欧洲部长理事会通过的 EC. 461/2004 号法案。根据 1992 年 2 月 7 日签署的《欧洲联盟条约》，即《马斯特里赫特条约》第 A 条之规定，欧洲联盟的基础为合三为一的共同体，三个共同体之一的欧洲经济共同体的法理基础是 1958 年 1 月 1 日生效的《欧洲经济共同体条约》，该条约第 113 条规定，共同体有权制定统一包括关税率在内的对内对外贸易政策。因此，欧盟的反倾销法是对欧盟各成员原先反倾销法的统一替代。

欧盟反倾销法的大陆法系色彩极为明显，其法律规范完全来自成文法，法律体系架构相对简单透明。在与 WTO/GATT《反倾销协议》的关系上，欧盟反倾销法律来源于欧盟参加的国际条约和承担的国际义务，欧盟反倾销法的每一次修订都是对 WTO/GATT 反倾销规则的适应。由于欧盟反倾销法的内容与 WTO/GATT《反倾销协议》的内容极少不一致，因此在实践中基本无所谓欧盟内部立法与欧盟外部国际法之间的优先次序问题。

需要说明的是，欧盟反倾销法只适用于煤钢产品以外的一般贸易产品。欧盟对于煤钢产品具有一套单一的立法规则，其反倾销内容见于 1984 年的《欧共体关于抵制来自非欧洲煤钢共同体成员国的进口倾销或产品补贴的法令》（ECSC. 2177/84），本章的比较分析不包括该法令之内容。

———————

① 张为付. 倾销与反倾销的历史演变及时代特征 [J]. 南京社会科学，2004（7）.

关于反倾销救济的涉案机构。美国的反倾销裁决机构是商务部（DOC）和国际贸易委员会（ITC），前者负责调查倾销事实和倾销幅度，后者负责调查国内产业损害；征收反倾销税的执行机构是财政部下属的海关总署；司法审判机构初审法院为美国国际贸易法院，上诉法院为哥伦比亚特区联邦巡回上诉法院。欧盟的反倾销裁决机构包括欧洲委员会、欧洲理事会、欧盟咨询委员会、欧洲议会、欧洲法院、欧洲初审法院，其中执行机构是欧洲委员会中贸易司下属的 B 局，司法审判机构为欧洲法院，上诉法院为欧洲初审法院。

二、美欧反倾销法规关于倾销行为的确定

倾销行为的确立必须具备以下三个相互关联的要素：出口商品的正常价值、出口商品的出口价格以及由前两者所决定的倾销幅度。

1. 出口商品正常价值的确定

一般情况下出口商品在其国内市场的实际价格即为其正常价值。在以国内市场实际价格确认出口商品正常价值的例外情况中，美国和欧盟也是大同小异，在有代表性的数量要求方面，美国和欧盟都以 5% 为临界值，即出口国国内市场的销售量低于销往美国或欧盟数量的 5% 时，出口国的国内市场价格就不具有代表性。在非正常贸易过程的确定方面，美国和欧盟都侧重于考察当事人是否存在价格补偿的关联关系，跨国公司是否依靠价格转移手段操纵正常价格，等等。如果说有所不同，那就是在非正常贸易的具体标准方面，即"非市场经济"的标准方面。当商品来自所谓的"非市场经济"国家时，其价格信号受到政府干预，出口国的实际价格不能代表正常价值。在"非市场经济"的认定上，美国和欧盟有所不同。

美国对"非市场经济"的判定依赖于以下标准：（1）该国货币与其他国家货币的可兑换程度；（2）雇员与雇主谈判工资的自由程度；（3）该国对合资企业或其他外国投资的准入程度；（4）政府所有权或对生产资料的控制程度；（5）政府对资源分配的控制程度与决定价格和产量的程度；（6）以及行政当局认为合适的其他因素。《美国联邦行政法规》第 19 编中引入了"市场导向型产业"的概念，允许"非市场经济"所在国的企业在反倾销案件中申请所在行业被认定为"市场导向型产业"，其判断"市场导向型产业"的标准是：（1）政府基本不干涉相关产品的产量和定价；（2）生产该产品的产业以私有和集体所

有制为主；（3）所有主要生产要素和原材料以市场决定的价格购入。

欧盟则对"非市场经济"国家实行目录管理，1994 年其目录中列举了 17 个"非市场经济"国家名单。至 2002 年除俄罗斯被认定为市场经济国家外，中国、越南、乌克兰、哈萨克斯坦被列入"市场转型经济"国家名单，对"市场转型经济"国家的外国企业允许其在单个案件中独立申请市场经济地位，其判断的标准是：（1）有足够证据表明企业有权根据市场供求情况决定价格、成本、投入等，不受国家的明显干预；主要原料的成本价格能够反映其市场价值；（2）企业有一套完全符合国际财会标准并能在所有情况下使用的基本财务记录；（3）企业的生产成本与金融状况，尤其是在资产折旧、购销、易货贸易、以资抵债等问题上，不受非市场经济体制的重大歪曲；（4）确保破产法及资产法适当地适用于有关企业，以保证法律上的确定性及企业经营的稳定性；（5）汇率随市场汇率的变化而变化。

当出现"非市场经济"或其他例外情况时，即出口国的国内市场价格不适用于确定正常价值时，美国和欧盟都使用"替代国"价格制度或结构价格制度。

美国的"替代国"价格制度，一般情况下只允许选择一个第三国，当一个第三国的销售数量不足以推算出倾销产品的正常价值时，才可选择多个国家。美国替代国的选择标准是：（1）替代国必须是可比产品的主要生产国；（2）替代国的经济发展水平与出口国具有可比性，主要需要考虑人均国民生产水平和基础设施的情况，尤其要考虑生产相同产品产业的发展水平。美国的结构价格制度也是一种替代制度，即将生产某种产品的过程分解成各个要素，含原材料数量、资本投入、工时费、能耗和其他耗费等，将各要素的量化指标乘以选定的同类产品的第三国（替代国）的价格数据，得出生产成本。在生产成本基础上，加上合理比率的管理费用、销售费用、包装费用、适当利润等形成出口国出口产品的正常价值。

欧盟选择的"替代国"，一般都是欧盟以外的第三国，但有时也使用内部成员国的价格。欧盟"替代国"的选择标准与美国有所不同，它不考虑替代国的人均生产总值和产业发展水平与出口国是否有可比性，而强调市场的竞争性，即所谓的"适当、合理"原则。欧盟的结构价格制度与美国的计算方法大体一致，但不像美国那样"灵活"，而是对管理费用、利润等都规定有严格的固定比率。

2. 出口商品出口价格的确定

美国和欧盟都强调出口商品的出口价格应该是产品直接销售给美国和欧

盟进口商的价格，进口商和出口商之间不存在关联关系或影响价格的其他安排。当生产者或出口商将销售给美国或欧盟的关联企业，或虽非售于关联企业，但销售行为发生在进口前，进口商的进口价格就不可靠。此时为了确定一个可信的出口国出口价格，应当对包括进口与转售期间发生的包括关税在内的各种税收、其他所有费用以及所得利润进行调整。在这方面，欧盟与美国不同的是，欧盟对应当扣除的利润数未有明确规定。

另外，美国对于非市场经济国家，商务部会以外国生产者和国有贸易公司之间的价格不可信为由，拒绝使用实际出口价格而对出口价格实行测算，欧盟则没有这方面的明确规定。

3. 倾销幅度的确定

出口商品的出口价格若低于正常价值则构成倾销，其差额即为倾销幅度。

不过，确定倾销幅度不能简单地对正常价值和出口价格进行比较。因为两种价格产生的方式不同，产品的销售和价格受到市场环境、价格条件、信贷条件、运输成本、消费方式、消费时间等多方面影响，在计算正常价值和出口价格时需要据此进行调整。美国进口价格调整侧重的因素有贸易渠道不同所造成的相关费用是否应该增列、扣减或抵冲，销售数量过大时是否存在价格折扣，销售环节是否存在需要调整的佣金、质量保证费、技术服务费、担保费、信用费、仓储费、广告费等费用，产品的物理特性是否存在差异，汇率持续波动或汇率受到干预时的影响，等等。欧盟在其反倾销法规中规定，在进行比较时应当将可能影响价格的下列因素进行必要的调整：产品的物理特性，进口税费和间接税，出口数量和价格折扣，贸易水平，运输费、保险费、管理费、装卸费和其他附加费，包装费用，信贷费用，售后服务费，佣金，汇率等。

在倾销幅度的具体测算方面，美国和欧盟也有所不同，美国所使用的倾销幅度计算公式是：

$$倾销幅度 = \frac{正常价值 - 出口价格（出厂价）}{出口价格（FOB）}$$

欧盟所使用的倾销幅度计算公式是：

$$倾销幅度 = \frac{正常价值 - 出口价格（出厂价）}{出口价格（CIF）}$$

三、美欧反倾销法规关于损害的确定

1. 损害的评估

倾销损害的评估包括实质损害、实质损害威胁和实质阻碍产业设立三个方面。其基本内容，美国和欧盟都是相似的，都与 WTO《反倾销协议》相关规定相吻合。但美国对实质损害的定义非常模糊，只要"不是不重大的、非实质的或不重要"的损害即为重大或重要的实质损害，在实践中容易造成随意性。而欧盟对实质损害的确定则必须依据确实的证据，并就倾销进口的数量、进口的价格、进口对欧盟市场相似产品价格的影响、进口对欧盟产业发展所造成的影响进行客观审查。在实质损害威胁的确立方面，美国和欧盟都强调损害威胁是实际逼近的，而不是依据假设、推测和极小可能性做出的。在产业设立的实质障碍方面，美国和欧盟都将其理解为新工业的实际建立或建立过程而不是产业构想或计划受阻，只不过欧盟在实践中很少运用产业设立的实质障碍标准来裁决。

另外，当被调查产品来源于数个国家，并且这些国家同时接受反倾销调查时，需要从总量上综合评估这些被调查产品在数量和价格上对国内（或联盟内）产业的影响，即所谓"损害的累积评估"。累积评估源于美国，并被引入 WTO《反倾销协议》内，欧盟的规定与 WTO 的规定略有不同，欧盟对进口产品忽略不计的标准高于 WTO《反倾销协议》的标准，WTO《反倾销协议》第 5 条第 8 款规定低于 3% 或累积进口量不超过 7% 属于忽略不计的进口，而欧盟规定为低于 1% 和累积不超过 3%①。

2. 倾销与损害的因果关系

非倾销因素造成的产业损害不能归咎于倾销，更不应该采取反倾销的救济措施。当前世界上对进口产品倾销事实与国内产业损害之间的因果关系并没有严格的确认标准。美国在判断因果关系时，排除以下非倾销因素造成的损害：（1）进口产品绝大数量的价格高于正常价值；（2）需求减少或消费方式变化使国内产业遭受的损害；（3）外国或国内生产者已经存在贸易限制性竞争，仍导致国内产业受到冲击；（4）技术进步导致国内产业生产的产品落

---

① Cliff Stevenson. *The Global Anti - dumping Handbook.* Cameron May Ltd, 1999.

后；（5）国内产业的生产率不佳。欧盟的做法与美国基本相似。

3. 国内（联盟内）产业与共同利益

倾销造成了国内产业或联盟内产业的损害才能采取反倾销措施，因此首先需要准确界定国内产业或联盟内产业的含义。美国对国内产业和欧盟对联盟产业的定义基本相似但略有差异。相似之处在于美国和欧盟都将其定义为同类产品的全部生产者和主要部分生产者，也都将生产者与进口商有关联关系时适当排除于美国产业或欧盟产业之外，还都做了区域产业和区域市场的相关规定，即当倾销产品对国内或联盟内独立的区域市场的相关产业造成损害时，也可以采取反倾销措施。差异之处仅仅在于对区域市场的规定方面。美国和欧盟都规定，特殊情况下涉案的被调查产品可以在国内或联盟内再被划分为两个或两个以上的区域竞争市场，每一个区域市场上的生产者可以被视为独立市场上的生产者，倾销损害的认定不是从美国或欧盟总体市场的角度进行，而是从国内或联盟内的区域市场的角度进行。对此美国和欧盟所要求符合的条件是：（1）市场内生产者在市场内销售全部或几乎全部产品；（2）市场内的需求不依赖或极少依赖市场外的生产者；除此以外，美国还有比欧盟更多的例外规定；（3）只要区域市场内销售的进口产品比重高于全国平均数，且这种产品进口占全国总进口的比重显著，该区域生产者即可获得区域产业待遇①。

美国和欧盟的反倾销法律中还规定有公共利益条款，即是否为了公共利益而中止或终止反倾销调查的条款。在确定公共利益时，不仅要考虑生产者利益，同时也要考虑使用者和消费者的利益，如果采取的反倾销措施不利于美国或欧盟的整体利益，那么反倾销措施就不应该实施。具体执行过程中需要考虑的因素包括：反倾销措施是否对消费者产生比对相关产品不征收反倾销税更不利的影响；反倾销措施是否会对国内（联盟内）同类产品的上下游企业的竞争力和就业等产生影响。但是美国的公共利益条款是最近刚刚加入的，此前美国很少会基于公共利益考虑而放弃反倾销制裁或降低反倾销制裁幅度。与美国不同，欧盟的公共利益条款规定较早，在一定程度上是对反倾销救济措施被无端滥用的有效遏制②。

---

① Cliff Stevenson. *The Global Anti-dumping Handbook*, *Update*2000. Cameron May Ltd, 2000.
② 蔡庆辉. 共同体利益原则与欧共体最新反倾销法程序规则 [J]. 法学杂志, 2004（6）.

四、美欧反倾销法规的价格承诺、反规避、反吸收规则

1. 价格承诺制度

当反倾销调查申请人的申请进入立案调查阶段以后，若被调查产品的生产商或出口商与进口国的反倾销调查部门就以提高进口价格的方式抵消对进口国同类产业的损害达成协议，进口国的反倾销调查部门可以考虑中止调查，这种制度就称为被调查者的价格承诺制度。

美国是通过被调查产品的生产商或出口商与美国商务部签订中止协议的方式实行价格承诺制度的。中止协议本身既是生产商或出口商的价格承诺契约，又是美国商务部反倾销调查的非义务性中止契约。所谓非义务性是指：当中止协议签订后，如果美国绝大多数反倾销申请人又提出继续进行反倾销调查的要求，商务部和国际贸易委员会将继续进行调查直至终裁。美国反倾销的中止协议有效期为 5 年，到期后将依法进行日落复审（到期复审）。

欧盟的价格承诺与中止调查是分立的。价格承诺是被调查产品的生产商或出口商以书面形式向欧盟委员会做出的，核心内容包括出口价格提高幅度、价格调整方式、对价格承诺的履约和监督方式等。价格承诺可以是出口商自愿提出，也可以由欧委会建议出口商做出。根据价格承诺，欧委会可以接受而终止调查，也可以不接受而继续调查。承诺的生产者或出口商有义务定期向欧委会提供包括相关数据在内的有关履行承诺的所有信息，否则将被视为违反承诺。在生产商或出口商违反承诺或撤销承诺的情况下，根据反倾销终裁的肯定性结论是否已经做出，最终反倾销税措施或临时反倾销税措施将自动启用。

2. 反规避措施

反规避措施是应对反倾销规避这种作弊行为的。反倾销的规避手段通常见于：（1）改变产品形态，将原先倾销的制成品改成零部件出口，至销售地后再组装；（2）改变产品的产地，将零部件运至第三国加工后再出口到原来的倾销国；（3）将产品做轻微加工或将产品外形略做改观，使产品不被包含在实施反倾销措施的产品以内；另外，欧盟认定的规避手段还有：（4）出口国适用较高税率的涉案产品通过获得低差别税率的出口商进行间接出口。

美国在实施反规避措施时，在价值方面，主要考虑零部件和制成品的价

值差额，若差额较小则被视为存在规避手段，若差额较大则不按照规避处理。在功能方面，主要考虑产品经过微加工和外观改变后，新功能是否构成该产品的主要用途，并且要考虑新功能的成本占该产品总成本的多大比率。在产地方面，主要采取"实质改变"原则，即产品在哪个国家发生了实质改变，即确定该国为原产地国。

欧盟的反规避措施基本是美国的翻版，但为了避免随意性，对具体数量的指标要求极为严格，如规定进口产品零件构成装备产品零件总价值的60%及以上时，视为规避行为，但这些零件在组装过程中的增值大于生产成本的25%以上时，不视为规避行为。

另外，欧盟最近还在其反规避条款中还设立了豁免程序，即某些生产商和进口商对其出口或进口不适用反规避措施则有可能获得豁免。在受到调查的规避行为发生在欧盟境外的情况下，如果涉案生产商能够证明他们与适用反规避措施的生产商之间不存在关联关系，则这些生产商可予豁免；在受到调查的规避行为发生在欧盟境内的情况下，如果涉案进口商能够证明他们与适用反规避措施的生产商之间不存在关联关系，则这些进口商可予豁免。欧委会的豁免决定做出后，在确定的期限内有效。

3. 反吸收措施

反倾销税的征收对象为进口商，进口商纳税后必然导致进口产品价格的提高，这样就达到了反倾销的目的。但出口商为了占据市场等目的，替进口商承担反倾销税，进口商依然以反倾销税征收以前的价格销售进口产品，致使反倾销措施失效，这种情况称为"吸收反倾销税"的行为。反倾销吸收与反倾销规避一样，都属于作弊行为。

对于反倾销税吸收行为，美国商务部的做法是在计算出口价格时将出口商的代缴税额从出口价格中剔除，重新核定倾销幅度，结果是整倍提高了反倾销税的税率和税额。欧盟则在反倾销法规中专门增列了"反吸收条款"，"反吸收条款"不仅规定受到影响的欧盟产业可以欧委会提出申请，重新调查涉案产品的出口价格和倾销幅度，而且规定从出口商替进口商承担反倾销税之日起追溯征收反倾销税。由此可见，欧盟的反吸收措施比美国还要严苛。

第三章

外包与服务外包

第一节 服务外包：概念、本质、效应

虽然国内外关于"服务外包"的定义表述尚未一致，但普遍认可它是基于 IT 技术的企业非核心业务片段的服务业转移。"服务外包"在本质上是一种以劳动力为基础的生产要素贸易。与"加工贸易"这另一种以劳动力为基础的生产要素贸易的区别在于，"服务外包"总体上属于社会分工层次更高、对劳动力素质要求相对较高的具有产业升级意义的劳动力生产要素贸易。"服务外包"增加了承包方国家和地区的劳动力就业，提升了其工资水平和技术素质。

"服务外包"是伴随着当代国际经济一体化、产业结构非实物化、生产工序片段化而出现的一种崭新的国际服务贸易形式。近十年来，"国际服务外包"呈现飞速发展的势头，中国在这新一轮的国际产业结构调整的过程中，已经将承接"国际服务外包"确立为转变对外贸易增长方式、优化出口结构的主要切入点。但是，"服务外包"到底是什么？我们不能仅仅从表面现象上去直接观察，而必须在严谨的概念辨析的基础上进行深度的本质分析。

一、"服务外包"的概念厘定

早在 1989 年美国著名的管理学家彼得·德鲁克（Peter F. Drucker）已经预言："任何企业中仅做后台支持而不创造营业额的工作都应该外包出去，任何不提供高级发展机会的活动与业务也应当采取外包形式"①。但首次明确提出"外包（outsourcing）"这个概念并从企业核心能力角度加以解释的是哈梅尔（Gary Hamel）和普拉哈拉德（C. K. Prahalad）于 1990 年在《哈佛商业评论》上发表的《企业的核心竞争力》文章。在这篇文章中，两位作者将英文"outside source using"合并为"outsourcing"，用来指"企业在内部资源有限的情况下，将其非核心业务通过合同方式分包给其他企业承担，而自己则专注于核心业务的发展，其实质就是一种资源整合的管理模式，即利用外部最优秀的专业化资源，从而降低成本，提高效率，充分发挥自身核心竞争力"②。与特定产业所有生产活动的"一揽子转移"不同，外包的特征是"特定企业在保持最终产出或产出组合不变的前提下把某些投入性生产活动转移出去"，即"企业在保留特定产品生产供应基本定位的前提下，对生产活动涉及的某些环节区段的活动或工作，通过合同方式转移给外部厂商来承担"③。

"服务外包"是"外包"的一种类型。依据交易对象的经济属性方面的差异来区分，"外包"可以分为"制造外包"和"服务外包"。"服务外包"不能脱离"外包"概念的大框架，即它不是服务生产活动的"一揽子转移"，而必须在保持服务生产活动的"最终产出或产出组合不变"的前提下进行。

但是，关于"服务外包"的概念目前仍比较混乱，学术界和产业界并未形成统一的认识。

一类"服务外包"概念试图从性质的角度来界定。

管理学权威工具书《商务大辞典》的解释是：服务外包指通常依据双制定的标准、成本和条件的合约把原先由内部人员提供的服务转移给外部组织承担④。

---

①② 林航. 关于"国际服务外包"内涵的学术分歧探析 [J]. 上海商学院学报，2009（5）.
③ 卢锋. 当代服务外包的经济学观察——产品内分工的分析视角 [J]. 世界经济，2007（8）.
④ 卢锋. 服务外包的经济学分析：产品内分工视角 [M]. 北京：北京大学出版社，2007.

美国毕博管理咨询公司（Bearing Point）对服务外包的定义做了如下描述："服务外包是指企业为了将优先资源专注于其核心竞争力，以信息技术为依据，利用外部专业服务商的知识劳动力，来完成原来由企业内部完成的工作，从而达到降低成本、提高效率、提升企业对市场环境迅速反应能力并优化企业核心竞争力的一种服务模式"①。

中国国际投资促进会、中欧国际工商学院和中国服务外包研究中心联合编纂的《中国服务外包发展报告》这样定义："服务外包是指企业将价值链中原本由自身提供的具有基础性的、共性的、非核心的工厂业务和基于 IT 的业务流程剥离出来后，外包给企业外部专业服务提供商来完成的经济活动。服务外包中涉及的服务性工作（包括业务和业务流程）可以通过计算机操作完成，并通过现代通信手段进行交付"②。

亚太总裁协会和国际外包中心联合发布的《2008 年全球服务外包发展报告》则认为："服务外包，是指企业将 IT 系统开发和架构、应用管理以及业务流程优化等自身业务需求通过外包由第三方（即服务外包提供商）来完成，以专注企业核心业务，更好实现企业经营目标的经济活动"③。

另一类"服务外包"概念试图从类别范畴的角度来界定。

美国高德纳咨询公司（Gartner）的定义：服务外包是 IT 服务市场的一部分，分为信息技术外包（ITO）和业务流程外包（BPO）。IT 服务市场的另外一部分是离散式服务。ITO 包括产品支持与专业服务的组合，用于向客户提供 IT 基础设施和企业应用服务，从而确保客户的业务成功。ITO 细分为数据中心外包、桌面外包、网络与企业应用外包等；BPO 是把一个或多个 IT 密集型业务流程委托给一家外部承接方，让他拥有管理和控制选定的流程……被外包给外部服务承接方的业务流程包括物流、采购、人力资源、财务会计、客户关系管理或其他管理或面向消费者的业务功能等④。

美国国际数据公司（IDC）公司从市场角度来定义"服务外包"，其划分方式与 Gartner 公司基本相似：服务市场包括 IT 服务市场和业务服务市场。其

---

① 江小涓等.服务全球化与服务外包：现状、趋势及理论分析［M］.北京：人民出版社，2008.

② 中国国际投资促进会、中欧国际工商学院、中国服务外包研究中心.中国服务外包发展报告［M］.上海：上海交通大学出版社，2007.

③ 郑雄伟.2008 全球服务外包发展报告［R］.2009.

④ 中国国际投资促进会、中欧国际工商学院、中国服务外包研究中心.中国服务外包发展报告［M］.上海：上海交通大学出版社，2007.

中，IT 服务市场中外包的部分被定义为 IT 服务外包（ITO），业务服务市场中外包的部分被定义为业务流程外包（BPO）。ITO 又分为系统操作服务、系统应用服务、基础技术服务，BPO 又分为企业内部管理服务、企业业务运作服务、供应链管理服务①。

美国麦肯锡管理和咨询公司（McKinsey & Company）进一步将服务外包细分为 4 类：（1）IT 应用服务外包，是指把企业的信息化建设工作交给专业化公司来做。包括应用软件的开发与维护、系统集成和咨询。（2）IT 基础设施服务，是指涉及 IT 基础运营的硬件、软件、服务器和大型主机的运营与管理以及桌面与维护支持等服务。（3）业务流程外包，是指企业将一些流程或职能外包给供应商，并由供应商对这些流程进行重组，包括人力资源、财务、采购、客户支持。（4）设计研发服务，是指和产品开发相关的设计与研发离岸外包活动，包括产品的概念设计、计算机辅助设计、嵌入式软件的设计开发、产品开发、测试与本地化等活动②。

中国"服务外包"的主要政府管理部门—商务部基本沿用了美国 Gartner 公司和 IDC 公司的划分思路："服务外包业务系指服务外包企业向客户提供的信息技术外包服务（ITO）和业务流程外包服务（BPO），包括业务改造外包、业务流程和业务流程服务外包、应用管理和应用服务等商业应用程序外包、基础技术外包（IT、软件开发设计、技术研发、基础技术平台整合和管理整合）等"③。

还有一种将上述两类定义方式合并在一起的"服务外包"概念界定方式，例如，印度全国软件与服务公司联欢会（NASSCOM）发布的 2007 年印度服务产业年报认为："服务外包是基于 IT 技术的业务流程外包（IT-BPO）。建立在 IT 技术和网络平台之上的，任何可外包的作业（IT 技术外包、业务流程外包、研发外包）经数据化之后，转移出去的业务流程和办公作业，都属于服务外包"④。

总之，通过透析以上的"服务外包"概念，我们可以确定"服务外包"

---

① 中国国际投资促进会、中欧国际工商学院、中国服务外包研究中心. 中国服务外包发展报告 [M]. 上海：上海交通大学出版社，2007.

② 江小涓等. 服务全球化与服务外包：现状、趋势及理论分析 [M]. 北京：人民出版社，2008.

③ 中国商务部. 商务部关于实施服务外包"千百十工程"的通知 [Z]. 2006.

④ 中国国际投资促进会、中欧国际工商学院、中国服务外包研究中心. 中国服务外包发展报告 [M]. 上海：上海交通大学出版社，2007.

最核心的要素，即：将服务业中自身业务产品或业务管理过程的一部分外包出去，由第三方来完成。在技术手段上，强调信息传输手段和交易平台的 IT 化，这已经成为各方共识。在概念范畴边界上，上述概念虽有广狭之分，宽严之别，但最根本的判别是企业的核心业务与非核心业务，凡非核心业务都可以外包出去，至于具体地哪些业务属于核心业务，哪些业务属于非核心业务，不同的企业、企业不同的发展阶段都是不一致的，并没有统一的划分标准。

需要强调的是，"服务外包"就其空间范围来看，可以分为"在岸外包"和"离岸外包"，这里的两个"外"都是指企业之外。"在岸外包"是企业将非核心业务通过合同形式分包给境内其他企业承担，"离岸外包"是企业将非核心业务通过合同形式分包给境外其他企业承担；"在岸外包"是在境内市场上完成的，"离岸外包"是在跨国境（或关境）的国际市场上完成的，又称为"国际服务外包"。服务外包就其企业组织边界来看，可以分为"在岸外包"和"离岸自营"，这里"在岸外包"的"外"也是指企业之外。"在岸外包"是指企业将非核心业务通过合同形式分包给境内其他企业承担，"离岸自营"是指发包方公司通过开辟国外附属机构来转移服务业务，海外附属机构是发包方公司总体的一部分，因此"离岸自营"实际上具有企业"内包"的特征，但却是在国际市场上跨境进行的，因此也属于"国际服务外包"的一部分。"服务外包"通过空间范围分类和企业组织边界分类的关系如图 3-1 所示。

空间范围分类	企业组织边界分类	
在岸外包	在岸外包	不属于国际服务外包
离岸外包	离岸自营	属于国际服务外包

图 3-1 国际服务外包的概念范畴

从图 3-1 中可知，"国际服务外包"是以"离岸"提供的形式进行的，分为"离岸外包"和"离岸自营"两部分。当 A 国企业将服务的某些工序或流程委托给 B 国企业来完成，即为"离岸外包"；当 A 国公司在 B 国设立子公司或下属机构承包来自 A 国母公司的服务业务的活动，即为"离岸自营"。与"离岸自营"的"离岸"相对应的还有一个概念叫做"离岸营业"，即 A

国在 B 国投资设立 C 企业和 D 企业，C 企业将部分服务业务外包给 D 企业，这一部分属于"离岸营业"，"离岸营业"与"在岸外包"一样，都不属于跨境业务活动，不认为是"国际服务外包"。

本章所称的"服务外包"，是指基于 IT 技术的企业非核心业务片段的服务业转移。当"服务外包"被当作一种国际贸易现象看待时，则特指"国际服务外包"。

二、"服务外包"的本质

"本质（Essence）"是什么？它是"指事物本身所固有的，决定事物性质、面貌和发展的根本属性"。"事物的本质是隐蔽的，是通过现象来表现的，不能用简单的直观去认识，必须透过现象掌握本质"①。因为本质决定着事物的性质，所以透过现象把握本质是科学研究的基本任务。

"服务外包"在形式上看外包出去的是"服务"，那它本质上是什么呢？或者说，"服务外包"在业务发生的过程中，发包方与承包方到底交换的是什么？

"服务外包"实质上是一种以劳动力为基础的生产要素贸易。严格意义上讲，所有的对外贸易（包括实物贸易和服务贸易）都是生产要素贸易，就是说对外贸易表面上交换的商品和劳务，实质上交换的是彼此不同的生产要素禀赋②。"服务外包"与一般实物贸易的不同在于，一般实物贸易反映了对外贸易生产者全部的生产要素禀赋，包括外生的禀赋如资本、劳动力、土地资源、技术水平等，也包括内生的禀赋如技术创新能力、经济组织的适应能力等；而"服务外包"仅仅反映了服务贸易生产者局部的生产要素禀赋，即劳动力禀赋。在这一点上，"服务外包"与实物贸易中的"加工贸易"颇为相似。

"加工贸易特指以保税方式从国外进口原辅材料和中间产品，经过加工为产成品后再出口的贸易方式"③。当前，"加工贸易"在中国已经发展成为实物贸易中与一般贸易旗鼓相当的一种贸易形式。

① 中国社会科学院语言研究所词典编辑室．现代汉语词典（第 5 版）［M］．北京：商务印书馆，2005．

② Leamer, E. E.．The Leontief Paradox, Reconsidered［J］．*Journal of Political Economy*, 1980（8）．

③ 外经贸部、国家统计局．对外贸易业务统计制度［Z］．1994．

"加工贸易"和"服务外包"分别是实物产品和服务产品生产工序片段化的存在形式，是制造业和服务业的产业活动在国际市场上实行分工的产物，是制造业和服务业的产业价值链在国际间重新分配的结果。从这个意义上讲，"服务外包"又被有的学者称之为"服务加工贸易"[①]。

"加工贸易"与"服务外包"产生的动因是相同的，即"劳动力套利"。当今世界，发达国家与发展中国家的劳动力之间形成了极大的价格差异，发达国家的企业将制造业和服务业的某一个非核心的业务片段"外包"到发展中国家进行，以节省劳动力成本，这就是典型的"劳动力套利"。

"服务外包"的"劳动力套利"是怎样实现的呢？让我们通过图 3 – 2 来说明。

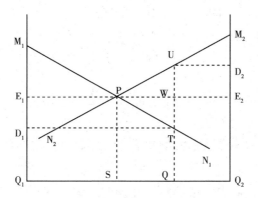

图 3 – 2　服务外包的劳动力套利

在图 3 – 2 中，假设世界上只有 A 国和 B 国两个国家，A 国的服务业劳动力相对富裕，故而 A 国的服务业劳动力边际生产率较低且服务业劳动力价格低廉，B 国的服务业劳动力相对稀缺，故而 B 国的服务业劳动力边际生产率较高且服务业劳动力价格高昂。世界上的服务业劳动力潜在资源总量为 Q_1Q_2，其中 A 国为 Q_1Q，B 国为 QQ_2。M_1N_1 表示 A 国递减的服务业劳动力边际生产力曲线，M_2N_2 表示 B 国递减的服务业劳动力边际生产力曲线。在"服务外包"业务发生之前，A 国具有使用 Q_1Q 量的服务业劳动力生产 Q_1M_1TQ 量的服务产品的能力（A 的这种生产能力因为国内服务业市场的狭小而出现了闲置），B 国具有使用 QQ_2 量的服务业劳动力生产 Q_2M_2UQ 量的服务产品的能力，A 国的边际生产力 QT 低于 B 国的边际生产力 QU，即 A 国服务业劳动工资水平为 QT，B 国服务业劳动力工资水平为 QU。

现在，B 国企业将一部分服务业生产活动"外包"给 A 国，这实际等同于服务业劳动力从 A 国流向了 B 国，理论上这个过程可以一直持续到两国服务业劳动力的边际生产力均等为 SP 为止，这时 SQ 量的 A 国服务业劳动力承接了 B 国的"服务外包"（相当于 SQ 量的 A 国服务业劳动力"移民"到 B 国）。"服务外包"以后，A 国的服务业劳动力边际生产力曲线 M_1N_1 只对 A 国的非"服务外包"部分的服务业劳动力产生作用，A 国从事"服务外包"业务的服务业劳动力与 B 国服务业劳动力面临着共同的边际生产力曲线 M_2N_2。此时，A 国将消费 Q_1M_1PS 部分的服务业产品，全世界增加了 PUT 部分的服务业产品，服务业的"自由贸易"提高了世界的经济效率。A 国服务业劳动力的工资水平由 QT 上升为 SP，B 国服务业劳动力的工资水平由 QU 下降为 SP。B 国企业面临的服务业劳动力工资水平比"外包"前下降了 WU，B 国企业以更低的工资获得了更多的服务业产品，实现了"服务外包"过程中的"劳动力套利"。

但是，"服务外包"的"劳动力套利"与"加工贸易"的"劳动力套利"并不完全相同。"加工贸易"的"劳动力套利"针对的是低端劳动力对象，"服务外包"的"劳动力套利"针对的则是高端劳动力对象。服务业本身是人力资本投入较高的行业，人力资本是服务业需要支付的主要成本。"服务外包"的"外包"对象属于知识产品或精神产品，是人类智力活动的产物，而"加工贸易"的"加工"对象属于物质产品，是人类体力活动的产物。因此，更严格地说"服务外包"本质上是一种以高端劳动力为基础的生产要素贸易。"服务外包"和"加工贸易"所要求的劳动力生产要素的禀赋特性对比如图 3－3 所示。

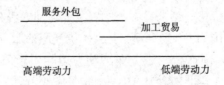

图 3－3　服务外包和加工贸易的劳动力要求

"服务外包"的实现必须具备坚实的技术基础。现代信息技术的发展大大降低了企业的信息传递成本，拓展了企业在业务过程中的选择范围，使企业有可能打破地域疆界限制并突破传统的企业管理边界进行业务重组和流程再造。在互联网技术普及之前，"服务外包"作为一种大范围的"国际服务贸易"现象的出现是不可想象的，因为距离的远近不仅关系到成本的高低，甚至直接影响到服务提供的可能性。而现代信息技术的发展不仅彻底打破了信息传递的距离限制，而且大大改变了服务产品"消费的即时性""不可储存性""不可贸易性"等特征。正因为如此，在本章前述的各种"服务外包"定义中，都特别或明确或隐含地强调了"以 IT 为基础"这一条件。"服务外包"所依赖的这一技术基础，与"加工贸易"所依赖得交通运输费用的低廉是一致的。

　　"服务外包"的实现还必须具备坚实的制度基础。服务产品的国际标准化的实施使企业有可能将服务产品的某些中间环节"外包"出去，如果缺乏了服务产品的国际标准化，"服务外包"合同就很难达成，即使双方签署了合同，由于缺乏统一的标准，合同执行过程中的纠纷也会层出不穷，"服务外包"发包方将承受巨大的违约风险，高昂的交易成本将大大制约"服务外包"的发展空间。"服务外包"所依赖的这一制度基础，与"加工贸易"所依赖的制造业产品国际标准化要求是一致的。

三、"服务外包"的效应

　　"服务外包"首先对发包方和承包方两个国家的劳动力市场造成了影响。我们借助比图 3 - 2 更加直观的图 3 - 4 观察这种影响。

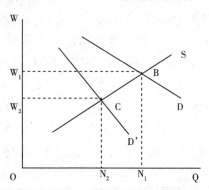

图 3 - 4　服务外包对劳动力市场的影响

　　首先看"服务外包"发包方国家劳动力市场所受的影响。如图 3 - 4 所示，"服务外包"发包方国家从事服务业的劳动力供给曲线是不变的 S，从事服务业的劳动需求曲线是 D，此时该国的服务业就业量为 ON_1，服务业平均工资率为 W_1。"服务外包"业务产生以后，意味着国内市场对国内服务业的劳动需求曲线减为 D'，此时的就业量为 ON_2，它实质上是该国原先服务业就业量 ON_1 减去"服务外包"流失就业量 N_1N_2 之后剩余的部分，该国的服务业平均工资率下降为 W_2。

再看"服务外包"承包方国家劳动力市场所受的影响。如图 3 - 4 所示，"服务外包"承包方国家从事服务业的劳动力供给曲线是不变的 S，从事服务业的劳动需求曲线是 D'，此时该国的服务业就业量为 ON_2，服务业平均工资率为 W_2。"服务外包"业务产生以后，意味着国内国际市场对国内服务业的劳动需求曲线增为 D，此时的就业量为 ON_1，它实质上是该国原先服务业就业量 ON_2 加上承接"服务外包"就业量 N_1N_2 之和，该国的服务业平均工资率上升为 W_1。

经验数据资料支持上述理论推论。世界银行的一项研究认为，未来十年内，西方七国集团 1% ~5% 的就业岗位将转向承接"服务外包"的发展中国家。美国研究机构 Forrester Research Inc. 预计，到 2015 年，美国因"服务外包"将减少本国的 330 万个工作岗位，"白领阶层"的失业压力有可能动摇美国中产阶级占主导地位的社会基础，美国一些地方政府已经提出议案开始限制服务业的外包活动。而对于"服务外包"承接方国家，则是明显的就业扩展效应，世界银行的上述研究表明，美国潜在的"服务外包"将给承接方国家创造高达 1 400 万个就业岗位。"服务外包"目前已经给起步较早的印度创造了数百万个就业岗位，仅仅 Infosys、TCS 等印度外包巨头就发展成超过 10 万名员工的大企业，外包雇佣热潮导致 2006 年印度工资水平一年之中就上涨了 15% 。McKinsey 和 Company 预计，2010 年底，中国的"服务外包"直接就业机会将达到 100 万人，间接和相关就业机会达到 310 万人，预计到 2015 年，中国的"服务外包"直接就业机会更增至 270 万人，间接就业机会 840 万人[①]

"服务外包"除了存在就业效应以外，还存在着技术外溢效应。发包方国家对承接方国家的技术外溢主要是以"离岸自营"的"服务外包"形式实现的，而"离岸自营"实际上在大多数情况下是 FDI 的一部分。因此，相关的

---

① 任志成，张二震. 承接国际服务外包的就业效应 [J]. 财贸经济，2008 (6).

FDI 的技术外溢方面的一些研究成果部分地可以解释"服务外包"的技术外溢效应。具体地说，在"服务外包"中，跨国公司通常对承包方国家的企业员工进行知识和技能培训，以满足自身的技术标准和质量要求，这种培训直接的结果就是提高了承包方国家相关技术人员的业务素质和技能水平。实际上，"服务外包"的外包对象是一种知识性产品，知识性产品与物质性产品相比，不存在内在属性和物质外形的两重性，因而更容易在传递的过程中达到双方主体在认知水平上的统一，"服务外包"承包方国家的劳动力与"服务外包"发包方国家的劳动力在一起工作和研商，本身就是一种形式的"干中学"。

第二节　服务外包能像加工贸易那样创造奇迹吗

> 服务外包被认为是继加工贸易之后，中国产业经济结构与国际经济体系对接的重要方式。但从国际服务外包的市场容量、生产要素需求、价值链特征、产业本质属性等方面来看，中国承接国际服务外包虽有利于扩大服务贸易出口，但并不能自动延续加工贸易曾经出现的奇迹。服务外包更重要的意义在于，它是一种产业组织方式的革新。

服务外包，是指企业为了将优先资源专注于其核心竞争力，以信息技术为依据，利用外部专业服务商的知识劳动力，来完成原来由企业内部完成的工作，从而达到降低成本、提高效率、提升企业对市场环境迅速反应能力并优化企业核心竞争力的一种服务模式[①]。最近几年，服务外包已经成了国内外学术界的热点话题。

服务外包，就其内容形式来看，可以分为"信息技术外包（ITO）"和"业务流程外包（BPO）"。ITO 是指企业向外部寻求并获得包括全部或部分信息技术类的服务，包括系统操作服务、系统应用服务、基础技术服务等；BPO 是指企业将自身基于信息技术的业务流程委托给专业化服务提供商，由其按照服务协议要求进行管理运营和维护服务，包括企业内部管理服务、企

---

① 江小娟等. 服务全球化与服务外包：形状、趋势及理论分析 [M]. 北京：人民出版社，2008.

业业务运作服务、供应链管理服务等。

服务外包，就其概念范围来看，可以分为"在岸外包"和"离岸外包"。"在岸外包"是企业将非核心业务通过合同形式分包给境内其他企业承担，"离岸外包"是企业将非核心业务通过合同形式分包给境外其他企业承担；"在岸外包"是在境内市场上完成的，"离岸外包"是在跨国境（或关境）的国际市场上完成的，因此又称"国际服务外包"。

一、服务外包承受之重

中国从 20 世纪 90 年代开始依靠出口导向型的经济发展战略实现了经济的高速发展，世界金融危机爆发之前的 2007 年，中国的进出口货物对外贸易依存度高达 65%①。其中加工贸易与一般贸易各占半壁江山。加工贸易作为中国积极参与国际产业分工的有效手段，直到今天仍然对加速中国经济增长、提升产业结构水平、增加劳动力就业发挥着无可替代的重大作用。

但中国承接国际服务外包却落后于印度。印度在融入国际产业分工方面比中国晚，但近年来依靠承接国际服务外包奇迹般地获得了高速发展。印度目前是世界上发展服务外包产业最具代表性的国家，科尔尼企业咨询公司（A. T. Kearney）的全球服务外包目的地指数显示，2007 年印度以 6.9 的高分高居榜首②。

中国并不甘于落后。中国商务部认为"服务外包产业是现代高端服务业的重要组成部分，具有信息技术承载度高、附加值大、资源消耗低、环境污染少、吸纳就业（特别是大学生就业）能力强、国际化水平高等特点。当前，以服务外包、服务贸易以及高端制造业和技术研发环节转移为主要特征的新一轮世界产业结构调整正在兴起，为我国发展面向国际市场的现代服务业带来新的机遇。牢牢把握这一机遇，大力承接国际（离岸）服务外包业务，有利于转变对外贸易增长方式，扩大知识密集型服务产品出口；有利于优化外商投资结构，提高利用外资质量和水平"③。

商务部首先实施了服务外包"千百十工程"，即"'十一五'期间，在全

① 国家统计局.2007 年国民经济和社会发展统计公报［Z］. 2008.
② 江小娟等.服务全球化与服务外包：形状、趋势及理论分析［M］. 北京：人民出版社，2008.
③ 商务部.商务部关于实施服务外包"千百十工程"的通知［Z］. 2006.

国建设 10 个具有一定国际竞争力的服务外包基地城市，推动 100 家世界著名跨国公司将其服务外包业务转移到中国，培育 1 000 家取得国际资质的大中型服务外包企业，创造有利条件，全方位承接国际（离岸）服务外包业务"①。但随即，"千百十工程"的范围就被扩大，在服务外包基地建设方面，截至目前商务部认定的作为承接离岸服务外包业务基地和示范区的中心城市就已经达到了 20 个。

不仅是服务外包中心城市的地方政府，还包括其他各地的地方政府都不愿与新一轮国际产业转移潮流失之交臂，而对发展服务外包产业表现出了极大的热情。在往日加工贸易示范效应的带动下，各地政府制定了许多的发展纲要或规划。这些纲要和规划都在宏观政策、规划设计、招商引资、综合协调等方面对服务外包企业予以支持，并通过设立专项扶持基金，用于公共信息平台建设、园区内人力资源培养、基础设施和投资环境建设等。

服务外包，在 2010 年之前的几年里，一度被认为是拉动经济增长的螺旋桨，被认为是撬动新型外向型经济的支撑杆，被认为是提升产业结构的发动机，被认为是增加劳动力就业的承载器。

二、服务外包的市场容量

全球服务外包市场的容量到底有多大？因为目前还缺乏国际上统一的服务贸易统计体系，不同的研究机构和咨询机构，如国际上知名的麦肯锡管理咨询公司（McKinsey Company）、国际数据公司（IDC）、高德纳咨询公司（Gartner）基于不同的统计口径对此进行的估计相差很大，其中最乐观的估计当属 IDC。IDC 的统计和估计数据见表 3 – 1。

表 3 – 1　　　　　　　2007 ~ 2012 年全球服务外包市场规模　　　　单位：百万美元

年　份		2007	2008	2009	2010	2011	2012
全球服务外包	ITO	197 499	215 952	226 007	237 855	251 535	266 532
	BPO	102 972	115 065	130 789	146 239	164 283	180 711

① 商务部. 商务部关于实施服务外包"千百十工程"的通知［Z］. 2006.

续表

年　份		2007	2008	2009	2010	2011	2012
在岸服务外包	ITO	172 023	184 989	188 817	193 797	199 795	206 261
	BPO	95 362	105 816	119 680	133 079	148 828	162 708
离岸服务外包	ITO	25 476	30 963	37 190	44 058	51 740	60 271
	BPO	7 610	9 249	11 109	13 160	15 455	18 003

资料来源：根据中国服务外包研究中心《中国服务外包发展报告2008》计算。

根据表 3-1，到 2012 年全球服务外包的市场规模将达到 4 472 亿美元，其中"离岸服务外包"的市场规模为 783 亿美元。即"离岸服务外包"是全球服务外包的 17.5%，这 17.5% 的全球服务外包构成了国际服务贸易的一部分。全球服务外包中高达 82.5% 的部分是以在岸形式实现的，这 82.5% 的全球服务外包只是境内（国境或关境）服务产业的一部分，并未形成国际服务贸易。这意味着什么呢？

这意味着，到 2012 年，全球主要的服务外包承接方市场即中国、印度、爱尔兰、菲律宾、俄罗斯等国家将分享来自全球服务外包转移方市场即美国、欧盟、日本等国家的大约 800 亿美元的"离岸服务外包"市场份额。

但 800 亿美元却并不是一个太大的数字。2009 年教育部和商务部发布的《关于加强服务外包人才培养促进高校毕业生就业工作的若干意见》中把"实现 2013 年承接国际服务外包业务 300 亿美元"作为目标。假设 2012 年时，中国提前一年并超额实现了上述目标，分享了国际服务外包市场的 1/2 份额。可 400 亿美元对于中国这个庞大的经济体来说，根本不能算是一道大餐。400 亿美元也仅仅相当于中国 2009 年国际收支经常项目顺差的 14.08%，相当于中国 2009 年国际收支顺差总量的 10.17%，相当于中国 2009 年年末外汇储备的 1.67%，相当于中国 2009 年国内生产总值（GDP）的 0.81%[①]。

服务外包，至少从短期来看，其市场容量还是相当有限的。

---

① 国家统计局.2009 年国民经济和社会发展统计公报［Z］.2010.

三、服务外包的性质：生产要素的视角

服务外包和加工贸易都是以劳动力为基础的生产要素贸易。严格意义上讲，所有的对外贸易（包括实物贸易和服务贸易）都是生产要素贸易，就是说对外贸易表面上交换的商品和劳务，实质上交换的是彼此不同的生产要素禀赋。服务外包以及加工贸易与一般实物贸易的不同在于，一般实物贸易反映了对外贸易生产者全部的生产要素禀赋，包括外生的禀赋如资本、劳动力、土地资源、技术水平等，也包括内生的禀赋如技术创新能力、经济组织的适应能力等；而服务外包和加工贸易仅仅反映了服务贸易生产者局部的生产要素禀赋，即劳动力禀赋，从这个意义上讲，服务外包又被有的学者称之为"服务加工贸易"[①]。

服务外包与加工贸易产生的动因是相同的，即"劳动力套利"。当今世界，发达国家与发展中国家的劳动力之间形成了极大的价格差异，发达国家的企业将服务业或制造业的某一个非核心的业务片段"外包"到发展中国家进行，以节省劳动力成本，这就是典型的"劳动力套利"。但是，服务外包的"劳动力套利"与加工贸易的"劳动力套利"并不完全相同。加工贸易的"劳动力套利"针对的是低端劳动力对象，服务外包的"劳动力套利"针对的则是高端劳动力对象。服务业本身是人力资本投入较高的行业，人力资本是服务业需要支付的主要成本。服务外包的"外包"对象属于知识产品或精神产品，是人类智力活动的产物，而加工贸易的"代工"对象属于物质产品，是人类体力活动的产物。因此，更严格地说服务外包本质上是一种以高端劳动力为基础的生产要素贸易，加工贸易本质上是一种以低端劳动力为基础的生产要素贸易。

服务外包的实现必须具备坚实的技术基础。现代信息技术的发展大大降低了企业的信息传递成本，拓展了企业在业务过程中的选择范围，使企业有可能打破地域疆界限制并突破传统的企业管理边界进行业务重组和流程再造。在互联网技术普及之前，服务外包作为一种较大范围的"国际服务贸易"现象的出现是不可想象的，因为距离的远近不仅关系到成本的高低，甚至直接

---

① 　郑雄伟．国际外包（第一册）：国际外包理论与战略［M］．北京：经济管理出版社，2008.

影响到服务提供的可能性。而现代信息技术的发展彻底打破了信息传递的距离限制。正因为如此，在本章前述的服务外包定义中，特别地强调了"以 IT 为基础"这一条件。

以 IT 技术作为基本的传输手段，本身对于"大众就业"的拉动作用是极其有限的。农业劳动力从土地上释放出来以后，经过简单的培训就可以成为加工贸易的产业后备军，但却不可能成为潜在的服务外包人力资本。因此，服务外包不可能解决中国经济发展过程中大量剩余劳动力的出路问题。

四、服务外包的性质：产业组织的视角

服务外包和加工贸易从微观视角来看都可以被认作是产业价值链上的一个环节。随着全球范围内新一轮产业转移和结构调整，业务外包逐渐成为各国企业采用的一种经营方式。当代企业的竞争优势已经不仅取决于产品的质量和价格，而在很大程度上还取决于企业自身对市场快速变化的反应能力上，因此企业的管理模式也经历了从"纵向一体化"向"横向一体化"的转变，即企业放弃了垂直的金字塔式的管理模式，而代之以平行的网络化的管理模式。"横向一体化"平铺展开所贯通起的产品上下游之间的"链"，即"供应链"。"供应链"与"价值链"是两个含义相同的词汇，前者强调的是生产的过程，后者强调的是价值创造的过程。"价值链"分析是由美国著名的战略管理学家迈克尔·波特提出来的[1]。波特将企业内外增加价值的活动分为基本活动和辅助活动，基本活动和辅助活动共同构成了企业的"价值链"。但在企业的"价值链"上，并不是每个环节都创造价值，真正能创造价值的环节被称为战略环节。

"价值链"管理思想的精髓在于企业应该把主要精力集中于企业的战略环节即企业的核心业务上，而非战略环节即企业的非核心业务首选的处理方式是"外包"。"外包"就是把劳务活动企业合约转变为人力资本市场合约的，以节省企业的组织成本和管理成本的过程[2]。"外包"出去的制造业部分即加

---

① 迈克尔·波特. 竞争优势［M］. 北京：华夏出版社，2005.
② 江小娟. 服务外包：合约形态变革及其理论蕴意——人力资本市场配置与劳务活动企业配置的统一［J］. 经济研究，2008（7）.

工贸易，"外包"出去的服务业部分则是服务外包。

但服务外包与加工贸易所面临的风险是不一致的。加工贸易的外包对象是一种物质性产品，物质产品是外观可视的，只要事前选择好了合格的"代工"企业，其质量是可控的。服务外包的外包对象是一种知识性产品，知识产品的外观是不可视的，因此其"外包"产品的质量是不可控的。如果服务产品的国际标准化能够有效实施，将极大减少服务外包合同执行过程中的纠纷。但困难的是，服务产品的主观性太强，在一定程度上讲，服务产品甚至就是以个性化抢占市场的，因此难以形成客观的国际标准，服务外包发包企业难以避免巨大的违约风险。

所以，与加工贸易的"一揽子甩出去"的外包方式不同，服务外包中的承接企业的劳务是被内置于发包企业的生产经济活动的整体流程之中的，发包企业甚至控制着劳务使用的细节。也就是说，加工贸易产业组织的企业"横向一体化"是非常彻底的完全的"一体化"，而服务外包产业组织的企业"横向一体化"是不彻底的"一体化"，是部分的"一体化"。彻底的"横向一体化"有利于产业价值链上的"代工"环节在加工贸易加工地横向延伸，20世纪50~60年代的日本、70~80年代的韩国和中国台湾等依靠加工贸易实现经济起飞的国家和地区都经历过这一过程，中国目前也在经历这一过程。不完全的"横向一体化"不利于产业价值链上的"外包"环节在服务外包承包方地区横向延伸。"外包"出去的劳务是发包方企业价值链上重要一环，一旦出现质量问题，将对发包企业的整体运行产生不可估量的损失，因此其对产业链的控制异常严格。这就可以解释为什么当代服务外包的整体市场规模中，"在岸外包"远远多于"离岸外包"，因为"离岸外包"控制手段弱、交易成本高、潜在风险大。

服务外包的这一特征，决定了中国在积极承接"国际服务外包"（离岸外包）的过程中，提高其产业附加值的困难是相当大的。对于制造业来说，只要是发包企业所认为的非战略环节都可以被彻底地"一揽子甩出去"，承接方企业具备足够的技术实力就可以不断提升产业价值链。对于服务业来说，发包企业的非战略环节是可控制性地转移的，承接方企业提升产业附加值的施展空间狭窄。因此，服务外包不可能有效地解决中国经济发展过程中服务业产业附加值较低这一问题。

五、被曲解的"现代服务业"

服务外包是国际服务贸易的一部分，国际服务贸易是现代服务业在国际范围内的资源配置。现代服务业的发展直接决定了服务外包的规模和范围。

但是，人们对"现代服务业"的理解却存在着相当大的误区。

产业结构变迁理论认为，产业结构变动存在一个普遍性的总体趋势，即在经济发展过程中，依次产生了第一、第二、第三次产业，它们又依次成了经济的主导产业。相应地，产业结构高级化或产业结构优化所隐含的含义就是后序的产业越来越成为主导性的产业。所谓第一、第二、第三次产业，是英国经济学家科林·克拉克（Colin Clark）在 1940 年提出来的，因此又称"克拉克大分类法"[①]。此后美国经济学家西蒙·库兹涅茨（Simon Kuznets）在研究产业结构演变与经济增长的关系时，实际上沿用了这种分类法，但库兹涅斯并没有使用第一、第二、第三次产业这样的名称，而分别以农业（A）、工业或制造业（I）、服务业（S）与之对应，因此这种分类法又称 AIS 分类法[②]。产业结构的 AIS 分类法是当今世界上最广泛应用的分类法，世界银行在统计分析时，目前就使用 AIS 分类法。

当代产业结构优化的最主要标志和标准即产业结构软性化，也就是在产业结构的发展过程中，第三次产业或服务业的比重不断增加，出现"经济服务化"趋势，即现代服务业在整体经济中的比重不断上升以致形成绝对优势的趋势，这个趋势被认为是经济发展过程中的一般趋势。

但是，服务业逐渐成为经济结构中的主导产业真的是一条普适性的规律吗？它真的是一种永恒的趋势吗？

诚然，已有的经验性数据资料表明，世界发达国家确实经历了一个服务业逐渐成为绝对主导产业的发展过程。像美国，其服务业在整个经济结构中比重已经达到了 70%。但是，历史只是说明了过去发生的事情，并不意味着未来必然要发生同样的事情[③]。当代世界发达国家的高度发达的服务业实际上

---

① 邬义钧. 产业经济学 [M]. 北京：中国统计出版社，2001.

② 西蒙·库兹涅茨. 各国的经济增长 [M]. 北京：商务印书馆，1985.

③ 卡尔·波普. 历史决定论的贫困 [M]. 北京：华夏出版社，1987.

是为整个世界服务的，而不仅仅是为其所在国服务的。在全球经济一体化的今天，全世界的生产性资源是在全球范围内配置的。也就是说，从前在各个国家内部的制造业和服务业的分工，现在已经改变为在世界范围内制造业和服务业的统一分工，这其实是当代国际贸易与国际投资迅猛发展的基础。因此，才导致了 20 世纪 60 ~ 70 年代国际制造业向东南亚的转移，才导致了 80 ~ 90 年代国际制造业进一步向中国的转移。也因此，才导致了欧美日等发达国家服务业的迅猛发展。

现在多数发展中国家，也要实现服务业在整个国内产业结构中成为绝对优势产业的发展目标，将是非常困难的，尤其是对于中国和印度这样人口庞大的大国而言。因为世界上根本不具备这样大的服务业产品的需求市场。

而且，当代各个国家产业结构所呈现的表象，是以价值形态表现出来的。因为历史等诸多原因，当代国际经济秩序是由发达国家安排的，国际经济规则是由发达国家制定的。发达国家压低制造业产品的价格，抬升服务业产品的价格，使得在产业结构即使不发生实质变化，仅仅操纵制造业产品和服务业产品之间的相对价格就可以改变产业结构的价值形态。其实，科林·克拉克 1940 年在研究产业之间的关系时，不仅使用了经济收入指标来衡量经济结构，更重要的是还使用了劳动力数量指标来衡量经济结构。如果，我们用劳动力就业数量在各个产业之间的分布来观察产业结构变化趋势，那么发达国家所谓的服务业比重的增长就没有那么高速了。

其实，进一步细究，我们还将发现，科林·克拉克关于第一、第二、第三次产业的分类方法（即大克拉克分类法）在今天的经济条件下是存在着相当大的缺陷的，它并不能很恰当地描述当今世界的经济内在结构的特质。因为，它在第三产业即服务业中，没有区分出生产性服务业和生活性服务业的边界。

生产性服务业与生活性服务业是两类在性质上截然不同的产业。前者是为制造业或工业服务的，是制造业生产过程的自然延伸，它的直接服务对象是非人格化的，不能被确立为一个独立的行业；生活性服务业是为人们的日常生活服务的，它的直接服务对象是人格化的，自然成为一个独立的行业。

如果对克拉克大分类法进行修订，应该将第三产业中的生产性服务业从第三产业中剥离出去，并入第二产业。因为原先的第二产业其实仅仅是制造加工业，它与制造服务业（即生产性服务业）是性质上完全相同的一类生产活动，是同一类生产活动的不同生产环节而已。在过去的几十年间，随着人类科学的进步和技术水平的提高，原来的制造业由单纯的制造加工业逐渐分化出制造加工业和制造服务业，且后者的比重在逐渐上升。目前，发达国家按照 AIS 分类法统计出来的"现代服务业"在经济结构中所占的比重，实际上包含着本不应该属于它的制造服务业部分。这样的结果，就是在发达国家的经济产业结构中，第二产业被低估，而第三产业却被高估。

所谓的服务外包，只不过是制造加工业被国际转移之后，制造服务业也开始被国际转移罢了。至于那些生活性服务业，即本质上的第三产业，因为具有"消费的即时性"和"不可储存性"，仍然保持着"不可贸易性"的特征。因此服务外包不可能成为将中国的"现代服务业"提升到发达国家水平的引擎。

六、研究结论

服务外包的市场容量从短期来看还相当有限，服务外包对劳动力生产要素的苛刻要求制约了中国就业幅度的增长空间，服务外包对产业链的严格控制限制了中国产业附加值的增加幅度，服务外包本身也仅仅是"现代服务业"中数量有限的一部分。因此，中国承接国际服务外包不能自动延续加工贸易曾经的奇迹。

但是，服务外包预示着未来全球产业结构发展的方向。从 20 世纪 80 年代后期开始，世界制造业生产工艺经历了从手工控制到程序控制的过程（即 IT 化，当时称为"机械和电子的一体化"，简称"机电一体化"），从而完成了一次彻底的脱胎换骨，使世界制造业的面貌发生了根本性的变革。继"制造加工业"的 IT 化之后，目前"制造服务业"的 IT 化已经展开，并出现了快速发展的态势，这一部分目前还被认作是服务业中一部分的产业流程将极大地影响甚至改变世界整个产业结构的形态。

服务外包不仅仅是一个生产流程的问题，而更重要的是一种产业组织形态的革新。

第三节　外包的边界

> 外包是企业边界的收缩和市场边界的扩张，是技术进步带来市场交易成本下降的结果，它有利于企业降低成本和增加竞争力。通过将企业边界的三个维度即规模边界、能力边界、成本边界进行区分，研究结论是外包的安全边界位于企业的能力边界处，越过能力边界单纯追逐成本边界的外包行为则存在风险。对于飞机这类技术复杂度较高产业来说，它的模块标准化程度低、网络型产业链结构复杂、产品局部瑕疵严重影响整体功能，因而激进型的外包策略并不适当。

业务外包的出现是为了应对企业组织所面临的压力，这些压力包括但不限于消减管理成本和优化业务流程。21世纪以来，业务外包的性质、范围及其战略地位都在发生变化。业务外包不再仅仅是针对企业薄弱环节的一种补充手段，或是针对企业非关键职能的一种节支增效手段，而是已经扩展及企业的一些主体业务[①]。

但是，外包的边界到底在哪里？就是说，哪些业务可以外包，哪些业务不可以外包？哪种情况能够外包，哪种情况不能够外包？一直缺少一个清晰的逻辑认知框架。我们研究的目的，在于通过对制造企业在制造过程中的业务外包活动进行分析，从理论上为企业业务外包划出一条清晰的边界。

一、企业与市场的关系

外包（outsourcing），作为一种经济现象，它的出现与社会分工、与市场交易一样久远。但最近几十年，外包已经发展成为一场汹涌澎湃的经济浪潮，传统的企业与市场的关系被颠覆了。

---

① 乔治·考克斯.业务外包是一项战略行动//约拿森·里维德、约翰·辛克思主编：《业务外包》（中译本）［M］.北京：中国市场出版社，2008.

根据科斯的企业理论，企业与市场是两种可以互相替代的制度安排①。

科斯认为，在不存在交易成本的条件下，企业的存在完全是多余的，价格机制将使市场的功能发挥得淋漓尽致。但是现实中，市场交易总是有交易成本的，这些交易成本包括以下几个主要方面。通过价格机制"组织"生产的最明显的成本就是所有发现相关价格的成本；市场上发生的每一笔交易的谈判和签约的成本；等等。交易成本的存在决定了价格机制的实现不是免费的，价格机制意味着市场上无数个契约的存在。正因为市场价格机制是有成本的，设立企业这种组织才是有利可图的。企业是通过命令机制组织生产的，"当存在企业时，契约不会被取消，但却大大减少了。某一种生产要素（或它的所有者）不必与企业内部同他协作的一些生产要素签订一系列的契约，一系列契约被一个契约代替了"②。

接下来的问题是，由于市场运行成本的存在，引入企业这样的组织能够消除一定的成本，为什么市场交易仍然存在？为什么所有的生产不是完全集中到了一个大型企业里来进行？

因为，企业内部组织生产也不是免费的。企业内部的组织成本包括但不限于以下几个方面。监督的成本，包括对生产者的监督和对指挥者的监督；应对市场反馈的信息成本，包括信息的搜集和信息的加工的成本，等等。企业内部的这些组织成本也是交易成本，是完成企业内部的"交易"活动必须支付的代价，这一点，企业活动与市场活动没有区别。企业规模越大，企业内部组织追加的交易成本也会越上升，从而更多地侵蚀企业的收入。

也就是说，市场组织生产活动是有交易成本的，为了节省市场的交易成本，我们需要企业这种组织来代替市场这种组织。但是，企业也不是免费的。随着企业规模的扩大，企业内部的交易成本也一直在上升。因此，企业的规模不可能无限地扩张，当企业内部的交易成本在边际上与市场的交易成本在边际上相等时，企业便停止扩张，企业与市场的边界就得以确立起来。对此，科斯本人是这样描述的："企业将倾向于扩张直到在企业内部组织一笔额外交易的成本，等于通过在公开市场上完成同一笔交易的成本或在另一个企业中组织同样交易的成本为止"③。

---

①②③　科斯．企业的性质//科斯：《企业、市场与法律》（中译本）［M］．上海：格致出版社，2009．

企业与市场的边界不可能是静态的。当企业内部的交易成本相对下降时，或者市场交易的交易成本相对上升时，企业的边界向外扩张，企业的规模倾向于扩大。此时，企业会实施纵向一体化和横向一体化，将原来通过市场的交易活动纳入企业内部，企业替代市场。反之，当企业内部的交易成本相对上升时，或者市场交易的交易成本相对下降时，企业的边界向内收缩，企业的规模倾向于缩小。此时，企业会实施业务外包活动，将原来存在于企业内部的生产活动让渡给其他市场主体，市场替代企业。

二、外包活动频繁的原因

外包，就是企业的"垂直解体"（vertical disintegration），表现为市场的扩张，它的极致就是无边界企业，这是现代企业理论所讨论的一种极端企业形态，这种企业已经空心化、非物质化了。与之相对应的是一体化生产，即企业的"垂直一体化"（vertical integration），表现为企业的扩张，它的极致就是整个国家变成了一家公司，极端的封闭的计划经济体系是它的典型例子。

现实中，这两种极端情况是不可能长期存在的。现实中企业和市场的边界在这两个端点之间滑动。因为交易成本不是静止的，而是不断变动的。在企业内和市场上，交易成本的相对变动，不断动态地变换着企业和市场的边界，你进我退，你退我进，使企业的"垂直解体"和"垂直一体化"经济活动反反复复地拉锯进行着。

20世纪80年代以前，"垂直一体化"的企业组织形态在拉锯中占上风。小艾尔弗雷德·D. 钱德勒指出，20世纪美国经济所获得的巨大成功，依赖于"垂直一体化"的现代大型企业在美国各主要产业部门的崛起[①]。不仅美国，德国、日本、英国、法国等几乎所有主要工业国家都经历着相似的企业形态演变过程。因为，20世纪80年代之前，世界工业的发展是以重化工业为依托的，行业的核心技术手段基本维持稳定，企业在内部处理信息的优势远远大于企业在市场间处理信息的优势，企业在内部进行协商的优势远远大于企业在市场间进行协商的优势。这时期行业的自然壁垒主要是规模壁垒，企业的

[①] 小艾尔弗雷德·D. 钱德勒. 看得见的手——美国企业的管理革命（中译本）[M]. 北京：商务印书馆，1987.

生产过程处于"规模报酬递增"阶段，扩张、兼并成为企业获取竞争优势的主旋律，在世界范围内出现了许多巨无霸型的"公司帝国"①。

20世纪80年代以后，企业形态表现出了相反的发展态势，越来越多的企业倾向于将企业内部的生产功能外包给外部专业化的生产厂商，产业组织开始出现"垂直解体"。垂直解体是指原来垂直一体化的企业将原先在企业内部纵向产业链条上的生产活动分离出去。促使这个过程发生的主要原因是市场交易成本的大幅度下降。

近年来，交易成本中的一项重要内容——信息成本，首先发生了很大的变化。现代信息技术的发展，使人们处理信息的能力大大增强，从而极大地减少了市场交易的信息成本，甚至重塑着市场形态本身。

市场交易的信息成本，主要是市场交易主体的相互搜寻成本。在传统经济条件下，因为信息不对称，市场交易主体为了完成交易，必须不断地在市场中搜寻潜在的交易对象。譬如产业链上下游之间，上游企业和下游企业可能彼此处于对方的信息盲区，这使得在没有信息成本条件下本来可以迅速匹配完成的市场交易活动却无法完成。

在现代经济条件下，信息不再是离散化地彼此隔绝地存在着。现代互联网技术将信息统摄起来，将无数的信息节点构织成一个庞大的分布式中心的开放式网络。市场交易主体虽然不能完全消除信息不对称，但信息不对称对市场交易的损失无疑被大大降低了。潜在交易对象的搜寻变得越来越容易，越来越方便。譬如产业链上下游之间，上游企业和下游企业可以由信息流统摄在同一个生产经营活动之中。上下游企业虽然在地理空间上相距遥远，甚至存在于不同的国家之间，但产业链内的信息流通却可以顺畅地就像在一家企业内部一样。

信息成本的下降，是技术进步带动的。这使得市场和企业的交易成本都有所下降。但是，市场上的交易成本下降得更快。企业和市场的边界开始重新划分，企业的规模收缩，市场的规模扩展，市场替代了企业，这就是近年来全世界范围内业务外包活动繁荣的原因。

除了信息成本以外，交易成本的另一项内容——谈判和签约成本的降低，也有利于业务外包活动的繁荣。谈判和签约成本是怎样降低的呢？标准化生产。

---

① 查尔斯·德伯. 公司帝国（中译本）[M]. 北京：中信出版社，2004.

因为市场上不同交易主体为了完成交易活动，必须对交易各方的权利和义务进行明确的规定，对交易标的物的规格和性能进行准确的描述。所以，与企业内部的各交易主体所签订的不完备契约相比，市场上各交易主体所签订的契约更加完备。就是，市场所签订的契约往往是短期契约，每一次签约都是"一锤子买卖"，各个缔约方的权利和义务是同时兑现的，因此各个缔约方的权利和义务就要规定得很清楚。而企业所签订的契约往往是长期契约，各个缔约方（即各种生产要素的所有者）履行权利和义务时有一个时间差，企业签约不可能把所有事项规定得很清楚，需要在契约履约期内由企业的权威逐步落实。然而，市场上各交易主体所签订的契约虽然力图完备，但很多时候因为人的理性程度有限，市场契约总是无法完备，这就制约了市场功能的发挥，市场的边界因而不得不收缩。

但是，产品生产的标准化方案的实施，使得相关行业的市场主体可以按照一种统一性的规范来安排生产活动。不仅有形的物质产品可以执行标准化的生产，如国际标准化组织所确立的产品标准化方案。无形的服务产品也可以执行标准化的生产，如软件产品编程所采用的统一程序语言和协议。标准化的产品，使市场上的统一契约变得更加完备。完备的契约节省了相关市场交易主体的交易费用，市场的边界得以向外扩展，外包业务活动就更加活跃了。

三、企业边界的三个维度

企业的边界是动态的，动态的企业边界存在着多个维度。

1. 企业边界的第一维度是规模边界

所谓规模边界，就是其物理边界，它是由企业的有形资源如土地、劳动、资本、机械设备等所确定的空间范围，表现为纵向边界和横向边界两个方面。

纵向边界。企业的纵向边界是产业链的各个环节在企业内部所生产部分的集合。威廉姆森指出，为了将生产要素转化为产品，企业需要决定全产业链上哪些活动在企业内部进行，哪些活动从市场上购买即由市场上其他企业主体生产完成，这是或是"自己生产"或是"外部购买"的决策结果，这个结果界定了企业的纵向边界①。

企业的纵向边界是从产业链的角度来划分的。这里就不能不阐述一下当代产业链与此相关的特征。首先，当代产品的产业链变长了。人类历史上，越早时期产品的产业链条越短，越晚时期产品的产业链条越长。农产品的产业链条普遍较短，手工制造业的产业链条比农产品要长，早起机器工业制成品的产业链条又比手工制造业的产业链条长，电器化时代工业制成品的产业链条又比蒸汽机时代工业制成品的产业链条长，电子工业时代工业制成品的产业链条又比电气化时代工业制成品的产业链条长。现代产品的技术密集度高，技术实现的过程长，这拉长了产品生产的产业链条，产业链条的长度是与产业技术的复杂程度成正比的。其次，长长的产业链条又呈现出"碎片化"的趋势。由于技术的细化，使得产业链条的每一节的部分反而变短了。技术实现手段是否可以分割，决定了产业链是否会呈现"碎片化"的趋势。早期，农产品的一个完整生产过程，在技术上难以分割。晚近，电子产品基本都是不同的元器件组成的，它的一个完整生产过程，在技术上很容易地分割成若干个不同的片段。图3－5是不同年代产业链特征的比较图示。

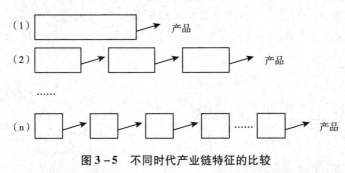

图3－5　不同时代产业链特征的比较

"长"而"碎"的产业链，使得生产分工不是在产品间进行，而是在产品内不同的生产环节间进行。细密的分工更好地实现了专业化生产，提高了生产效率。它为企业外包提供了便利条件，使得产业链在空间上不可避免地呈现出更加离散化的分布。

横向边界。企业的横向边界是产品的数量和种类范围。现代企业不是只生产一种产品的，而往往是生产多种产品的。这些产品或是在技术上有相似

① 奥利弗·威廉姆森. 资本主义经济制度——论企业签约与市场签约（中译本）［M］. 北京：商务印书馆，2002.

性或共享性，如石油化工业，成品油、化学纤维、化学肥料、沥青涂料等不同产品都是以石油原油为同一基料的；或是在使用功能上具有集合性，如家电制造业，电视、冰箱、空调、洗衣机、微波炉等不同产品虽然在技术实现手段上迥然不同，但在使用者的体验上高度重合，从而使不同家电产品在销售渠道上高度吻合。因此石化产品、家电产品往往由同一家企业来生产。

横向边界使得企业的"生产外包"与"生产一体化"问题变得复杂了。有时候，某一条产业链上的部分环节外包出去了，而另一条产业链上则实行着纵向一体化。若干条产业链上不同的"外包"或"一体化"决策，形成了企业的横向边界。

企业的纵向边界和横向边界，共同界定了作为一个实体的"企业"的经济业务范围。

2. 企业边界的第二维度是能力边界

所谓能力边界，是企业依靠自己的显性知识和隐性知识所开展的有目的性的活动所能达到的能力界限。它突破了企业规模边界的范围，将企业外市场上的经济活动纳入企业的经营框架。

迈克尔·波兰尼1958年时将人类知识区分为显性知识和隐性知识[①]，显性知识是可以用语言和文字等符号系统进行传递的知识；隐性知识又称默会知识，是只可意会不可言传的，它没有独立的符号系统，不能依靠规则和技术规条来传授。合作型的企业是一种奇妙的组织，这个组织可以对内部知识以团队为基础进行复杂的整合，整合后不仅企业所拥有的显性知识可以传承，其隐性知识也能够进行共享、传递和外化[②]。这些企业知识不仅可以保证完成企业规模边界内的生产活动，还可以扩展到市场上，对市场上其他企业主体的生产活动通过市场手段施加影响，从而以本企业为中心，构建一个"中心—外围"模式的拓扑网络。在这个网络上，"外围"的范围是嵌在中心企业的知识能力之内的。

这里就需要引入现代产业链的另外一个重要特征。当代产业链的每一个部分之间不再是一种平等的链接关系，而是非对称的链接关系。产业链被分成了"链核"部分和处于附属地位的其他部分。"链核"部分就是有具体的规模边界的那个企业，它在整个产业链中处于优势地位，决定或者支配着产

---

① 迈克尔·波兰尼. 个人知识——迈向后批判哲学（中译本）[M]. 贵阳：贵州人民出版社，2000.

② Grant, R. M. Toward a Knowledge-based Theory of the Firm [J]. *Strategic Management Journal*, 1996, Special Issue.

业链中处于附属地位的其他部分。居于"链核"部分的企业——可以称之为"链主"——将处于附属地位的企业整合成一个"企业共同体"，这个"企业共同体"在当代企业管理理论中被称为"企业战略联盟（Entrepreneurial Strategic Alliances）"。"企业战略联盟"是链主企业能力边界的极限。

链主企业与"企业战略联盟"内围绕着链主企业进行业务活动的外围企业所形成的网络结构可以区分为三种不同的网络模式。

第一种是控制型网络模式。在这种模式下，链主企业对供应商企业能够施加绝对性的影响。链主企业会对供应商企业的产品设计、质量标准、技术规范，甚至工艺流程和原材料供应进行严格的控制，供应商企业实际上是依附性的，离开对链主企业的依附，供应商企业没有独立的市场存活空间。供应商企业进行的是资产专用性的投资，这种专用性资产只能为链主企业的生产活动服务，除此之外没有任何用途。因此，供应商企业为其他企业提供服务的转换成本很高，链主对供应商的控制力最强，以日本的"下包制"最为典型。

第二种是协商式网络模式。在这种模式下，链主企业对供应商企业能够施加一定的影响，但影响力有限。链主企业与供应商企业在市场中的关系是平等的，两者只是在链主企业的业务外包活动中结成临时性的主从关系。链主企业需要与供应商通过频繁的沟通、反复的协调才能完成一个完整的业务外包过程。虽然如此，但是供应商企业的生产活动都是链主企业的知识能力所能认知的，因而也是处于链主企业的能力边界以内的。

第三种是模块型网络模式。在这种模式下，链主企业不需要对供应商企业施加任何影响。链主企业与供应商企业在市场中的关系是完全平等的。青木昌彦认为，所谓"模块"（modularity）是一个半自律性的子系统，该子系统可以与其他子系统按照一定的规则构建成一个完整的系统或过程①。因为"模块"都具有标准化的接口，可以与其他"模块"或子系统顺畅地对接，在质量合规的前提下，模块由谁来生产已经不重要了。任何模块型网络中的产品供应商都可以成为"交钥匙的全方位供应商（turn-key supplier）"，链主企业可以随意选择它的供应商企业，并且对它的能力控制所依赖的知识也最少。电子产品行业和一些应用软件行业是典型的模块化行业。模块型的网络一旦

① 青木昌彦. 产业结构的模块化理论//载青木昌彦、安藤晴彦. 模块时代（中译本）[M]. 上海：上海远东出版社，2003.

形成，会强化链主企业业务外包的趋势。

3. 企业边界的第三层次是成本边界

所谓成本边界，就是企业包括内外部生产成本和内外部交易成本的综合考量所得出的依赖外包方式或者说是依赖市场方式实现企业产品功能的范围

设定企业依赖内部生产时，其成本为企业的内部生产成本与内部交易成本之和。

即 $C_E = C_{EP} + C_{ET}$

设定企业依赖外包方式时，其成本为外部供应商的内部生产成本与内部交易成本之和，再加上市场协调的交易成本。

即 $C_M = C_{SP} + C_{ST} + C_{MT}$

当 $C_E < C_M$ 时，企业依赖内部生产，外包不可能发生。

当 $C_E > C_M$ 时，企业就倾向于外包，其外包时的成本为 C_M，（$C_E - C_M$）是外包比内部生产所节省的成本，可以看做外包的净收益。

因此，C_M 的大小就是外包企业的成本边界。成本边界，是企业从事业务外包所能抵达的极限。

关于企业边界的三个维度之间的关系。（1）企业的规模边界总是小于其能力边界和成本边界，因为任何人类行为的物理域总是小于其知识域和信息域。（2）企业的能力边界与成本边界之间的关系稍微复杂。第一，企业的能力边界不可能超越其成本边界，因为那从逻辑上讲不通。第二，企业的能力边界可以随着企业知识的累积而向外扩张，以逼近其成本边界为限。第三，企业的能力边界之外成本边界之内两者之间的地带，是可以实行外包但外包存在巨大潜在风险的区域。可以外包是因为从成本角度来讲是划算的，外包存在巨大潜在风险是因为企业的知识和能力不一定能掌控它。企业的能力边界与成本边界之间的区域越大，外包的风险越大。

企业边界的三个维度及其之间的关系，如图 3-6 所示。

四、外包的边界

从以上企业边界的三个维度的角度来分析，企业外包的边界就可以较为方便地认定了。

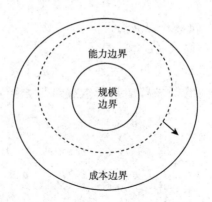

图 3－6　企业边界的三个维度

当企业的生产活动被界定在企业的规模边界时，企业的生产活动是"一体化"的产业组织方式，这时没有业务外包的发生。

当企业的生产活动突破了企业的规模边界的界限，产业组织的结构呈现出"垂直解体"的态势，业务活动交付给市场而不是停留在企业内部，外包就不可避免地出现了。如果外包发生在企业的能力边界以内，即企业内部的知识系统可以有效进行企业体系外的产业链和价值链的管理，外包就不失为一种有效地降低业务成本的经营策略。但外包越过了企业的能力边界，向企业的成本边界处拓展，外包的风险就开始增加了。此时"公司内部的信息系统（IS）或管理环节对此类议程的绝大部分的一无所知是必然的。这些复杂的议程、项目和活动，由于对议程和它们的因果链条一无所知而产生了不确定，而且因难以预测的组织或结构后果引发了风险"。

所以，企业外包的安全边界位于企业的能力边界处。

在业务外包的安全边界或企业的能力边界之内，"超额利润"是不存在的，因为几乎没有风险，而"超额利润"恰恰是对风险的回报。这里所谓的"超额利润"不是新古典经济学分析框架内的"超额利润"，而是指企业知识要素正常回报率以上的那部分"利润"。稳健型的企业在从事业务活动时，总是先不断地提高自身的知识能力，使企业的能力边界向外扩展——这是一种稳健的外包策略。在我们前文论述链主企业与"企业战略联盟"的关系时所说的控制型网络模式，就对应着企业的稳健型的外包策略。

与稳健型的外包策略相对应的是激进型的外包策略。一些激进型的企业是不安于将外包边界停留在企业的能力边界处的。它们更趋向于冒险，而不断将业务外包的范围向成本边界处扩展，从而最大限度地节约经营成本，赚取最后一枚铜板。激进型的外包策略差不多都存在于前文论述链主企业与"企业战略联盟"的关系时所说的协商式网络模式之中。当然这绝不是说所有的协商式网络模式都是激进的，关键看企业能力边界与成本边界之间的区域的大小，以及外包策略所在的这个区域内的位置。企业能力边界与成本边界之间的区域越小，企业几乎无从选择激进型外包战略。企业能力边界与成本边界之间的区域越大，企业外包时选择靠近能力边界的部位，企业的外包策略就倾向于稳健而不是激进；反之，企业外包时选择靠近成本边界的部位，企业的外包策略就倾向于激进而不是稳健。激进的外包策略一旦成功就将获得高额的回报率。

但是，失败了呢？企业业务外包不是绝对性地不能突破企业的能力边界，企业外包活动可以游弋在企业能力边界和成本边界之间，要想获得高收益必须承受高风险，这是市场经济颠扑不灭的真理。关键是，企业有承受"失败"的能力吗？企业承受"失败"的能力取决于企业所处的行业性质、产业区段、企业规模等因素。

五、外包的"越界"

有些产业，技术系统过于复杂，每一个技术子模块的小瑕疵足以影响技术系统的整体运行，在实行业务外包的时候，需要格外的慎重，这类行业的业务外包边界不宜放在能力边界与成本边界之间紧靠外侧的地方。

降低成本，是企业永恒的主旋律。2008年美国金融危机爆发后，美国制造业遭受重创，曾经称雄世界的美国汽车制造业因为成本高昂而沦入破产边缘，不得不依靠美国政府施救才渡过难关。美国制造业成本高昂早就已是美国制造业不能承受之重。在危机爆发之前，美国制造业就千方百计地进行着压缩成本的努力。在这个背景下，全球著名飞机制造商波音公司也是将飞机制造业务活动能外包的就尽量外包，而且外包到生产成本低廉的发展中国家。波音787飞机开始生产的时候，正是波音公司业务外包进行得如火如荼的时候。20世纪50年代，波音707客机只有2%的部分是美国以外生产的，而到了现在，波音787客机90%以上部分是国外生产的[①]。

---

① 中央电视台大型纪录片互联网时代主创团队．互联网时代［M］．北京联合出版公司，2015．

这是一条长得超乎经验和想象的流水线。

意大利"永恒之城"罗马，阿莱尼亚公司出产的碳纤维复合材料正在固化定型；刚刚完成测试的机翼前缘，正在俄克拉荷马州准备出厂；沈阳飞机工业公司提供的舱门和方向舵，已经拧上了最后一颗螺丝；载着英国罗尔斯－罗伊斯发动机的巨轮，正在大西洋上跨越万里怒涛；一架编号002的波音梦想搬运工则正从日本神户机场腾空而起，它那特别改装的腹腔正躺着一对机翼主体，它们是从日本三菱重工的热压车间刚刚下线的。

四百万个部件按照统一的标准，踏着统一的步点，在预定的时间陆续抵达西雅图，来到我们眼前的总装线①。

——上述这一段煽情的文字，出自2014年中国中央电视台的专题纪录片《互联网时代》的第三集《能量》。它表述的是，美国波音公司生产波音787客机时实行业务外包的那种凌厉的态势，那种张扬的风格，那种肆无忌惮的豪迈，那种无所畏惧的气概。紧随这段文字之后，纪录片里这样说："荧屏、光缆和卫星，让波音在跨越整个星球表面的操控，宛如在一块车间穹顶下一班自如。"②

但我们认为，飞机这种产品与其他产品相比，很不一样！

首先，飞机的模块化生产方式具有特殊性。模块化生产是当代许多集成型制成品通用的产业组织模式。如本章前文所述，模块化生产因为"模块"是由"交钥匙的全方位供应商"提供的，"模块"之间都具有标准化的接口。就如同集装箱的出现大大促进了世界范围内的货物运输业一样，模块化产业组织也大大促进了全球制造外包的发展。今天我们随处可见的汽车、家用电器、个人电子产品无一不是模块化生产方式的产物。不同在于，上述产品的消费量都非常大，大批量生产的产品所需要的子系统即"模块"也是大批量的，这倒逼着"模块"接口的标准化工作尽快实现。"模块"标准化其实是一个市场统一契约，市场的统一签约节省了各个市场主体分散签约的交易成本。但是，飞机就不一样了。飞机产品的市场需求"架"数与其他产品的需求个数没法比。飞机产品虽然产值巨大，但所需的"数"的量总是少的。因此飞机生产基本都是分散签约，这就使"模块"接口的标准化过程缺乏强劲

---

①② 中央电视台大型纪录片互联网时代主创团队. 互联网时代［M］. 北京联合出版公司，2015.

的市场推动力。其实，即便是汽车行业，模块化生产的范围也是有相当大的保留的，"宝马"汽车的 L4N20 发动机与"保时捷"汽车的 LN6 发动机就完全不一样，两者不能混用。比汽车更加个性化的飞机，其所需要的"模块"在外包出去生产时如果不施加控制性的影响，那结果就可想而知了。因此，我们不难理解，有些飞机生产厂商从世界各地汇集到一起的"模块"产品会出现接口部分的尺寸差异，最后竟使整架飞机根本组装不起来。

其次，飞机的网络型产业链具有复杂性。飞机不仅仅像其他许多当代产品那样具有"长"而"碎"的产业链，它的产业链特性更加复杂。飞机产品的产业链不再是一个单一的线性结构，而是一个网格型结构，它其实是一片彼此交叉混集的"产业丛"。图 3-7 是一个大大简化了混集型"产业丛"模型。人类社会的早期，产业边界是清晰的，因为实现每个产业功能的技术手段是清晰的；当代社会，产业边界越来越模糊，因为决定产业功能的技术边界本身就是模糊的。现代科学的进步和重大技术的突破，往往不是在学科的边界内实现的，而是在学科的交叉处实现的，技术链的非线性结构决定了产业链不可能再维持从前的产业内部上下游之间的严格的依次递延，产业之间不再呈现壁垒森严、分界清晰的隔绝状态。更进一步讲，当代产业链所对应的产品不再是单一产品，而是功能复合型的产品，它满足的不是人的单一性需求，而是满足人的体验性的复合性需求。在这一方面，飞机产业链可以看做上述特性的集大成者。这一结果，使得飞机产品生产者在实行业务外包时，应对外部市场上的信息不对称的工作变得更加零散，更加琐碎，甚至更加力不从心。面对全世界一百多个国家的数百家外包供应商提供的产品，完全掌握这些产品的信息几乎是一项无法完成的任务。

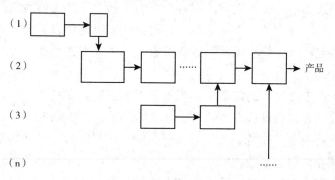

图 3-7 混集型"产业丛"示意

最后，飞机的瑕疵容忍度是零。人类社会迄今为止的任何一项机械产品都是人类知识的凝结物，而人类的知识总是有限度的，有边界的。人类并不能生产出一件百分之百安全的机械产品，过去不能，现在不能，将来恐怕也不可能。一般情况下，所谓安全总是确立在一个适当的"度"的范围内的，任何产品都不可能完全没有瑕疵。只要不影响该件产品的整体功能，对于多数产品来说，一个局部、细节的少许瑕疵是可以容忍的，但这一点却并不适用于飞机。安全性能是人们对飞机产品的"挑剔"性要求。其他产品存在一点小问题，人们多多少少会有一些应对危机排除危险的办法。但飞机翱翔在万米高空，飞机产品的任何一点瑕疵，人们都可能对他束手无策无能为力因而无从规避。飞机又是一个非常复杂的巨型产品。在人类目前的创造物中，与人们生活朝夕相关的产品，飞机无疑是最复杂的。它的复杂性，决定了它的潜在危险可能是人们无法直观认知的。因此，对于其他产品来说仅仅是一个无关紧要的小问题，对于飞机来说就是一个人命关天的大问题。飞机生产过程中的广泛业务外包，极有可能使飞机把任何人都未知的"小问题"带上天。所以，有些飞机生产厂商的新型飞机在连续经历故障后的被迫停飞，其实是"外包"后人类应对信息盲区的无奈之举。

六、研究结论

业务外包是当代产业链特征所决定的一种重要的产业组织模式。当市场的交易成本因信息技术进步而大幅度下降的时候，市场的功能被进一步激活，企业的规模边界缩小了，但与此同时企业的由知识所决定的能力边界突破规模边界的限制而更大了。实施业务外包的企业如果能够以扩张能力边界的方式来开展外包活动，外包无疑是企业节省成本提高竞争力的有效手段。但当企业外包活动扩张过度，超过了企业能力边界扩张的速度，企业业务外包活动就突破了能力边界，而向企业的成本边界逼近，企业的外包风险就渐次增加。高风险或者以高收益来补偿，或者跌入市场失败的深渊。

企业的能力边界才是企业业务外包的安全边界。对于一些标准化程度低的模块化产品，对于复杂的网络型产业链的产品，对于局部瑕疵严重影响整体功能的产品，外包尤其不适于突破其安全边界即企业的能力边界的。

第四章

现实剖析：中国经贸专题

第一节 中国对外贸易管理体制的演化路径分析

> 改革开放以来中国对外贸易管理体制在中央高度垄断的基础上，从下放管理权限到实行承包制，从扩展经营权到实施自由化，其间经历了一个"重心向下"的演进路径。中国对外贸易管理体制的演化既是一个"自然选择"过程，又是一个"适应性学习"的过程，两种经济演化机制彼此交叉地发挥着作用。

对外贸易管理体制是指对外贸易的组织形式、机构设置、管理权限、经营分工和利益分配等方面的制度，它是一个国家（或地区）整个经济体制的一个重要组成部分[①]。中国改革开放 30 年了，这期间中国的对外贸易管理体制经历了一个从中央高度垄断向对外贸易自由化演进的过程，即经历了一个对外贸易自主权由上向下转移的"重心下移"改革路径。本章在对这个改革路径进行梳理分析的基础上，对中国对外贸易管理体制的演化性质进行概括。

---

① 黄晓玲. 中国对外贸易概论［M］. 北京：对外经济贸易大学出版社，2003.

一、历史原脉：中国高度垄断的对外贸易管理体制

中国高度垄断的对外贸易管理体制是以中华人民共和国成立后单一公有制为基础的高度集中的计划经济体制中衍生出来的一种对外贸易管理制度。1949 年 9 月《中国人民政治协商会议共同纲领》确立了中国对外贸易的基本政策是国家统制。1956 年在完成了对私营工商业的改造后，中国建立起了由外贸部统一领导、统一管理、各外贸公司统一经营，实行指令性计划和统负盈亏的高度集中的对外贸易体制。1958 年 8 月中共中央《关于对外贸易必须统一对外的决定》和《关于贸易外汇体制的决定》进一步丰富了对外贸易体制的构架。在此构架下，中国对外贸易管理体制具有以下几个特点。

从对外贸易主体来看，国家对外贸易管理部门直接下设十几个附属机构即对外贸易专业公司专门从事国家安排的对外贸易活动。这确立了对外贸易政企不分的体制基础，当然也就实行一种国家统负盈亏的财务管理方式，外贸公司按照国家计划从事进出口的盈亏由国家财政平衡。

从对外贸易管理方式来看，计划手段是对外贸易管理的核心。对外贸易所有环节包括产品收购、产品出口、产品进口、产品调拨、外汇收支都被纳入指令性计划的范畴。

从对外贸易价格来看，实行国内外市场价格割断的做法，出口商品一律按国内价格收购，进口商品内销在原则上按国内价格作价。对外贸易专业公司不是出口产品的生产部门，也不是进口产品的使用部门，它们仅仅是商业中介环节。这造成严重的产销脱节，生产企业与国际市场的联系被切断。

这种对外贸易管理体制运行至改革开放前，高度垄断扼杀了竞争机制的形成，企业缺少自主经营机制，地方没有发展对外贸易积极性，国家背负了沉重的财政负担，等等。

二、"重心下移"的改革路径

1. 放权（第一阶段：1979 ~ 1987 年）

为了调动地方发展对外贸易的积极性，1979 年起中国扩大了广东福建两

省的对外贸易经营权，两省可以自由安排和经营本省的对外贸易，批准设立省属的外贸公司。其后该政策又推向了全国 29 个省、自治区、直辖市以及计划单列市和经济特区，各地方都可以批准设立地方外贸公司；并且一些中央部委也相继成立了自己的进出口公司，一些大中型生产企业被允许经营各自产品的进出口业务。同时引进技术和多数产品的审批权悉数下放，甚至还给予了地方政府一定比例的外汇留成比例。1985 年起，外经贸部不再编制下达外贸收购计划和调拨计划，国家只下达进出口总额指标的指导性计划和属于列名管理的主要商品数量的指令性计划。这些调整并没有改变我国对外贸易政企不分的管理体制，只是中央政府垄断的对外贸易管理权被地方政府分而取代。尽管仍然存在着严重的进出口壁垒，但由于成立了多层次多类型的外贸企业，对外贸易的经营渠道得以拓宽。

随着改革开放的进行，进出口企业的利益格局发生分裂，汇率改革也势在必行。在计划经济体制下，汇率只不过是一种计账工具，人民币长期处于一种币值高估状态，出口亏损由国家的进口盈利进行弥补。从 1981 年 1 月 1 日开始，国家开始试行内部结算汇率制度，即非贸易的官方外汇汇率维持在 $1 = ¥1.5 左右，而贸易内部结算价施行 $1 = ¥2.8 的规定。1985 年起，官方汇率大幅度升值到与贸易内部结算价持平的水平。与此同时，始于 1983 年的外汇留成制度得以发展起来。外汇留成制度就是外贸企业的出口创汇一部分上缴国家，剩余部分留在企业由企业自由支配，留成外汇可以在外汇调剂市场进行交易。1983 年时的外汇留成比例较低，外汇调剂价格被严格限制。但从 1985 年起取消内部结算汇率以后，国家同时提高了企业的外汇留成比例，并先后成立了 18 家外汇调剂中心，外汇调剂价格范围也放宽了。1986 年外资企业又被允许进入外汇调剂市场。

2. 承包（第二阶段：1988~1993 年）

外贸权利的下放和外贸渠道的拓展并没有对资源配置的方式进行根本的变革，因而不能解决出口亏损问题，反而使出口亏损更加严重。在人民币币值高估的情形下，出口销售价格低于出口收购价格，因此出口贸易越多，国家财政负担也越重。因此从 1987 年开始在对部分外贸企业公司进行经营承包制试点后，1988 年起，在承包基数内由中央定额补贴的基础上，全国外贸总公司、工贸总公司及地方政府分别向中央政府承包出口收汇和上缴外汇指标，承包合同期约三年。承包指标再层层往下分解到外贸经营企业和出口生产企业，盈亏由各单位负责。在轻工、工艺、服装行业，国家则取消出口补贴，完全试行自负盈亏。1991～1993 年的新一轮承包经营责任制中，全部取消了国家对外贸出口的财政补贴。对外贸易承包经营责任制是对外贸易管理重心的再一次下移，是在产权等复杂和棘手问题解决之前所能采取的次优选择，尽管存在着企业行为短期化和局部利益膨胀化等弊端，但承包制取消了原先计划体制下的出口收购计划和进口调拨计划，打破了由国家统负盈亏的高度集中模式，外贸公司在享受国家垄断外贸经营特权和执行指令性计划或指导性计划的前提条件下，可以独立进行贸易经营。

1988 年实行出口承包经营责任制以后，外汇留成比例尤其是计划外出口的外汇留成比例进一步放宽。由此形成了双轨制的汇率制度，企业的出口收汇分为两部分，一部分按较低的官方汇率上缴国家，余下的留成部分在外汇调剂市场上按市场供求关系进行交易。到 1993 年累计调剂外汇达 1 040 亿美元，全国外汇收支中，市场供求决定汇率的部分已经增加到了 80%，而官方汇率支配的部分则下降到 20%。

改革开放以前，外贸公司出口业务在多数情况下会导致亏损，这种损失通常是由国家财政进行弥补。改革初期，国家统负盈亏的政策没有改变时，外贸企业承担着完成国家进出口外贸计划的任务，尚不具备企业自负盈亏的经营环境，因此国家对外贸企业的补贴是以指定外贸补贴指标的方式进行的。1988 年实行外贸承包经营责任制以后，外贸企业的经营成果与职工经济利益相联系，国家不能再无限制地背负财政补贴的大包袱，便实行了"超亏不补、结余留用"的财政补贴封顶政策。随着改革的深入，1991 年开始国家完全取消了对出口的财政补贴。对进口的财政补贴则在 1994 年被完全取消。

3. 放开经营（第三阶段：1994～2003 年）

1993 年 11 月，中共十四届三中全会通过的《中共中央关于建立社会主义市场经济体制若干问题的决定》规定了对外贸易体制改革的方向，即"统一政策，放开经营，平等竞争、自负盈亏、工贸结合，推行代理制"。从 1994 年开始，除了极少数重要商品由指定外贸公司经营外，对外贸易领域全部取消了指令性计划，企业真正成了市场经营的主体，除了法律法规规定的特殊情况外，货物与技术的进出口自由。但是这时期中国并不是实行对外贸易经济自由化，1994 年的《对外贸易法》是一部具有过渡性质的法律。该法规定："除外资企业以外，从事货物进出口与技术进出口的对外贸易经营者须经国务院对外经济贸易主管部门许可"。这实际上就是将对外贸易经营权的审批制从法律方面固化下来。截至 2003 年底，全国共有获得对外贸易经营权的企业近两万家。对于没有取得对外贸易经营权的企业所从事的对外贸易活动，1994 年《对外贸易法》明确规定："没有对外贸易经营许可的组织或者个人，可以在国内委托对外贸易经营者在其经营范围内代为办理其对外贸易业务"。对外贸易代理制始于 1984 年，它一方面是对禁锢的对外贸易经营权限的突破，另一方面是改革不彻底的产物，它无端地增加了非对外贸易经营权企业的外贸业务成本，同时也为具有对外贸易经营权的企业利用代理特权坐收代理费大开方便之门。

1994 年，国家进行外汇体制改革，首先取消了官方汇率，实行以市场供求为基础的有管理的浮动汇率制度。随着单一汇率制度的实施，国家取消了外汇留成制度，实行结售汇制度。在此制度下，所有企业的外汇收入都必须结售给国家指定银行或金融机构，进口则凭有效凭证以人民币从银行购买外汇。国家还建立了全国统一的银行间外汇交易市场——中国外汇交易中心。1996 年《外汇管理条例》开始实施，人民币实现了经常项目下的自由兑换，并不再限制不以资本转移为目的的经常性国际交易支付和转移，不再实行歧视性的货币安排和多重货币制度。2005 年 7 月 21 日，在巨额贸易顺差的压力下，中国人民银行进一步扩大了汇率波动的幅度。

1994 年，中国还实行了税制改革，建立了与国际惯例接轨的现代增值税制度，同时财政部《出口货物退（免）税管理办法》正式引进了出口退税率制度。但是由于出口退税基本采用税额退库的操作方式，使出口骗税行为一度严重，而且出口退税全部由中央财政负担，退税额的增长超过了财政承受能力，出口退税率一再下调，1998 年为了应对亚洲金融危机导致的中国出口萎缩，出口退税率才又缓慢回升，但"彻底退税"原则已然落空。2004 年 1 月起，全部由中央财政负担的出口退税已经造成国家欠退税款近 3 000 亿元，在此背景下，改由中央政府和地方政府按照 75%：25% 的比例分担退税额，同时出口产品的平均退税率也跟着降低了 3 个百分点。2008 年世界经济危机呼啸而至，中国又几次大幅度提高了出口退税率，大宗出口商品如纺织、服装、轻工、电子信息、钢铁、有色金属、石化等行业的出口退税率都不同程度提高了，最高退税率甚至达到了 17%。

4. 自由化（第四阶段：2004 年至今）

2004 年 7 月 1 日新《对外贸易法》的实施，迎来了中国对外贸易自由化的新阶段。2004 年《对外贸易法》是在中国加入 WTO 协定书的具体承诺基础上对 1994 年《对外贸易法》的全面修改，是中国顺应全球贸易自由化趋势的一项重要改革。

在对外贸易经营权方面。新法规定："对外贸易经营者，是指依法办理工商登记或者其他执业手续，依照本法和其他有关法律、行政法规的规定从事对外贸易经营活动的法人、其他组织或者个人。"对外贸易经营权范围空间扩大至所有企业和个人，对外贸易审批权寿终正寝，而代之以备案登记制度。在具体经营范围方面，新法强调"国家准许货物与技术的自由进出口"，同时"国家可以对部分货物的进出口实行国营贸易管理"，"实行国营贸易管理货物的进出口业务只能由经授权的企业经营"，对于国营贸易管理的货物和经授权的经营企业则实行公开透明的目录管理。新法只对极少数涉及国家安全的限制进出口商品实行配额管理和许可证管理，对部分进口货物实行关税配额管理，"进出口货物配额、关税配额，由国务院对外贸易主管部门或者国务院其他有关部门在各自的职责范围内，按照公开、公平、公正和效益的原则进行分配。"

三、总结及演化分析

总起来说，中国对外贸易的管理体制呈现出"重心下移"的一般趋势，这个趋势包含着在不同阶段所采取的一些过渡性的数量控制手段。本章将之用图4-1形象化地表示出来。

中国对外贸易管理体制改革与其他体制性改革一样，改革的目标是从无到有、从模糊到清晰的，从缓解内外部压力的不自觉或"摸着石头过河"到向以WTO制度框架为核心的国际规范的主动靠拢，这中间经历了一个先易后难、先表象后实质的渐进式过程。改革虽然从一开始就缺乏明确的步骤和时序，但改革遵循着试验和进化的演进模式，因此体现着很强的"事后一致性"，这就使我们今天能比较清晰地梳理出一个"重心下移"的中国对外贸易管理体制改革的路径脉络。透视这个路径，我们不难发现，中国对外贸易管理体制的演化既是一个"自然选择"过程，也是一个"适应性学习"的过程，两种经济演化机制彼此交叉地发挥着作用。

"自然选择"和"适用性学习"是制度经济学从生物学中套用的两个名词，"自然选择"的核心内容是"适者生存"，"适用性学习"的核心内容是

"尝试—纠错机制"①。

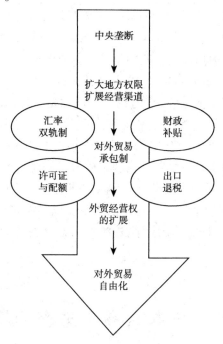

图 4 - 1 中国对外贸易管理体制的演进框架

在"自然选择"过程中，中国对外贸易管理体制曾经面临一个"无情"的标准：零利润规则。能够成功地实现正利润则会使中国对外贸易扩张，而实现负利润则会导致萎缩。在零利润规则面前，原有的制度收益低下，而制度成本高昂，旧制度维持不下去了，为了使中国的对外贸易发展下去，对外贸易管理体制不得不实行强制性的制度变迁。在这个强制性制度变迁过程中，市场的重要性在不断地被体现出来。改革的重心越是下移，市场主体的自主性越能得到充分发挥，经济效率越是得以提高。

在"适应性学习"过程中，由于适应性学习机制产生的结果是不确定的，因此选择过程之前的搜寻过程就变得具有反复性，这在改革初期比较明显，许多措施的出台在事后看来都不可避免带有保守倾向，只有到了改革后期，选择过程已经结束，即确定了建立 WTO 制度框架为核心的国际规范的对外贸易管理体制，适应性学习过程逐渐地更趋目的性，搜寻过程才变得单一而明

---

① 德尼·布伊康. 达尔文与达尔文主义（中译本）[M]. 北京：商务印书馆，1999.

确，演进过程随之加速。

同任何改革措施一样，中国对外贸易体制的变革也是一场利益格局的大变革，其结果是各种利益集团博弈均衡的结果。对外贸易体制变革的过程不可能是单向度的，一帆风顺的，其间不可避免地出现制度"内卷"。人类历史的发展是在"革命（revolution）""演化（evolution）""内卷（involution）"三种动力的循环作用下前进的，"内卷"的原意是"转或卷起来"，既有复杂的、错杂的、卷成螺旋状等意思，又含内旋、衰退和消散之意，它表达了一种演化过程中复杂的退缩力[①]。1994～2003 年，中国对外贸易体制长时间缺乏实质性的变革与进步，审批制和代理制成为相关利益集团"寻租"的工具，它极端不合理，但又不能即行废止，制度被锁死在一种"低水平均衡陷阱"里面，或制度被"内卷化"了。内卷化的制度现实需要外部的强制性力量来改进，也就是 WTO 所确定的国际贸易规则以新《对外贸易法》的形式对旧《对外贸易法》的替代。

第二节　中美贸易不平衡问题探析

中美之间客观存在的贸易不平衡是当代国际产业分工和两国比较优势差异的结果，美国的对华技术出口限制更加恶化了两国之间的贸易不平衡。但这并不意味着贸易利益自然地倾向于贸易顺差一方。中国对美国出口的大量质优价廉商品使低储蓄率的美国获得了贸易利益，缓解了美国的通货膨胀压力，又使美国获得了不菲的铸币收入。

一、问题的提出

中美两个世界上最大的发展中国家和发达国家之间在 2008 年金融危机爆发之前曾经存在严重的贸易不平衡问题。人民币加速升值前的 2006 年，根据

---

① 黄宗智. 华北的小农经济与社会变迁（中译本）[M]. 北京：中华书局，2000.

中国的统计，中国对美国出口 2 034.7 亿美元，进口 592.1 亿美元，顺差为 1 442.6 亿美元，比 2005 年度增长 26.3%；根据美国的统计，美国对中国出口 552.0 亿美元，进口 3 077.5 亿美元，逆差 2 525.5 亿美元，比 2005 年度增长 25.3%。2006 年，中国新增外汇储备 2 475 亿美元，达到了 10 663 亿美元的总体水平，在新增的外汇储备中，按中方统计的中美贸易不平衡发挥了 58.3% 的作用。同年，美国总共产生了 7 635.9 亿美元的外贸赤字，按美方统计的美中贸易不平衡发挥了 33.1% 的作用①。

随着中美贸易的迅速发展和中美贸易不平衡的加剧，中美之间的贸易摩擦渐趋增多。除反倾销、反补贴、保障措施、特别保障措施外，美国针对中国的技术标准、检验检疫和环境、劳工保护等方面的贸易壁垒也在增强。从 2002 年起中国连续 5 年成为美国 337 调查涉案最多的国家，2006 年美国前所未有地对中国产品发起 13 次 337 调查，中国遭遇的案件数占美国 337 调查案件总数的 39%。

那么，贸易制裁是必需的吗？贸易制裁有助于缓解中美两国之间的贸易不平衡吗？本章尝试对此问题进行回答。我们首先对中美贸易不平衡的程度进行修正，继而在探讨贸易不平衡根源的基础上，分析贸易不平衡的实质。

二、数据的修正

长期以来，中美两国在双边贸易统计上存在着较大的差异，美方统计的来自中国的贸易逆差远远大于中方统计的对美贸易顺差，2006 年双方的统计差异就高达 1 082.9 亿美元。造成统计差异的原因在于以下几个方面。

表 4 - 1　　　　　　　　中美贸易差额数据统计上的差异　　　　　　　单位：亿美元

年　份	2000	2001	2002	2003	2004	2005	2006
美国统计对华逆差	838	831	1 031	1 240	1 620	2 017	2 526
中国统计对美顺差	297	281	427	586	803	1 142	1 443
两者差额	541	550	604	654	817	875	1 083

资料来源：中国商务部网站和美国商务部网站统计资料。

---

① 该部分所引用数字分别来源于中国海关、中国商务部、中国人民银行、中国国家统计局、美国商务部、美国联邦储备委员会、世界贸易组织、世界银行的统计资料。

首先，中美贸易统计口径不一致。在中美贸易统计中，两国对于进口产品都使用 CIF（到岸价格，生产成本＋保险费＋运输费）计价，但对于出口产品两国的计价方式并不同，中国使用的是 FOB（离岸价格，生产成本＋本国内陆运输费＋装船费）方式，美国使用的是 FAS（船边价格，生产成本＋本国内陆运输费）方式。根据世界银行的估计，FOB（离岸价格）比 FAS（船边价格）高 1%，因此，若统一按 FOB（离岸价格）计算，美国对中国的出口额将上调 1%，若统一按 FAS（船边价格）计算，中国对美国的出口额将下调 1%。

其次，经中国香港转口贸易的影响。中国内地有相当部分商品经过香港地区转口美国，而美国经过中国香港转口中国内地的商品数量很少。关于这部分转口贸易，情况较为复杂。中国的贸易统计基本是只反映直接贸易状况，出口商品离境后，中方无法控制其下一步的流向，因此，未能将经过香港地区再出口到美国的部分统计在内。而这部分转口贸易商品经中国香港抵美后，美方按照原产地原则将其全部统计为中方出口产品。从这方面看，中方的出口统计被低估了。但美方的进口统计也存在高估现象，主要原因来自转口贸易加价。中国内地商品出口香港地区时价格很低，香港地区的转口商再出口美国时价格较高，这部分贸易加价作为香港地区的商业收入，美方统计时无法进行区分，全部记在中国账上。

最后，服务贸易被忽略。所谓的中美贸易差额只统计了有形商品进出口，没有将服务贸易包括在内。服务贸易包括金融、保险、运输、旅游、建筑、通信、信息处理、咨询和广告服务等内容。实际上，中美经济的产业结构相差很大，中国的 GDP 依然是以第二产业为主导的，第一、第二、第三产业的比例结构大致为 10∶50∶40，而美国的 GDP 结构中，第三产业占绝对性的优势，第一、第二、第三产业的比例结构大致为 2∶24∶74。2005 年全球范围的服务贸易已经占世界贸易总量的 18.9%，美国的这个比重为 28.1%，中国仅仅为 8.8%。美国作为世界上最大的服务贸易提供商，每年的服务贸易出口量高达 3 593 亿美元，而中国仅为 812 亿美元。在服务贸易方面，美国一直对中国存在悬殊性顺差。

综合以上因素，中美贸易不平衡是客观存在的，但其程度不像中方估计的那样低，也不像美方估计得那样高。斯坦福大学经济系的刘遵义（Lawrence J. Lau）等在考虑上述因素的基础上，调整估算了 2002 年和 2005

年的中美贸易差额数据①②。结果是 2002 年美国对中国贸易逆差 743 亿美元，是中美双方统计数字平均数 729 亿美元的 1.02 倍；2005 年美国对中国贸易逆差 1 707 亿美元，是中美双方统计数字平均数 1 579 亿美元的 1.08 倍。也就是说，近年来中美贸易不平衡的程度大体处于两者平均的水平上。

三、不平衡的根源

中美之间出现持续性贸易不平衡的根源有三个方面：东亚国家和地区对美国贸易顺差向中国的转移，美国对华直接投资的出口返销，美国对华技术出口的限制。

1. 东亚国家和地区贸易顺差的转移

当前，加工贸易已经凌越一般贸易而成为我国最重要的贸易形式。2006 年，我国加工贸易进口 3 214.9 亿美元，占进口总量的 40.6%，加工贸易出口 5 103.7 亿美元，占出口总量的 52.7%。日本、韩国、中国台湾地区这些原来对美国存在巨额贸易顺差的国家和地区为了降低生产成本，继续保持产业竞争力，将劳动密集型产业和高新技术产业中属于劳动密集型的组装加工程序大量转移到中国大陆来。产业转移以后，原来日本、韩国、中国台湾地区等地的对美贸易顺差也转变成了中国大陆的对美贸易顺差。不可避免地，中国大陆对美贸易顺差在不断增加的同时，对日本、韩国、中国台湾地区的贸易逆差也在持续扩大。2006 年，中国大陆对日本的贸易逆差为 240.8 亿美元，对韩国的贸易逆差为 452.5 亿美元，对台湾地区的贸易逆差 663.7 亿美元。关于中国对日本的贸易逆差需要说明，20 世纪 70 年代以后，日本部分产业就已经转移到东南亚地区，20 世纪 90 年代中期以来这部分产业又从东南亚向中国转移。相应地，2006 年中国对菲律宾的贸易逆差为 119.4 亿美元，对马来西亚的贸易逆差为 100.4 亿美元，对泰国的贸易逆差为 82 亿美元。

如果将整个东亚地区作为一个总体来看，随着 20 世纪 90 年代以来世界

① K. C. Fung, Lawrence J. Lau. Adjusted Estimates of United States-China Bilateral Trade Balances：1995－2002［J］. *Journal of Asian Economics*，2003（14）.

② K. C. Fung, Lawrence J. Lau, Yanyan Xiong. Adjusted Estimates of United States-China Bilateral Trade Balances［J］. *AnUpdate*, *Working-paper*, No. 278，April 2006.

贸易总量的扩大，美国对东亚国家和地区的贸易逆差绝对额虽有所上升，但其占美国对外贸易逆差总量的比重却不断下降，即由 20 世纪 90 年代初期的 90% 多下降到目前的不足 50%。

2. 美国在华直接投资的影响

近年来，外商对华直接投资持续增长，2006 年外国来华直接投资的净流入为 781 亿美元。外商投资企业广泛从事对外贸易活动。当前，中国对外贸易进出口中有一半以上是由外商在华投资企业进行的。

1991 年，外商在华投资企业对美商品出口仅 9.3 亿美元，到 2003 年飙升到 576.7 亿美元，占当年中国对美商品出口总额的 62.4%。同期外商在华投资企业从美国进口商品的增长速度却极为缓慢。外商在华投资企业深刻地影响着中国的对外贸易，美国在华投资企业当然会对中美双边贸易产生重大影响。

美国对华直接投资具有强烈的贸易替代效应和贸易互补效应。但在替代和互补的方向上都是有利于美国的。2004 年，美国在华投资企业在中国市场上共销售了 750 亿美元的产品，这 750 亿美元的美国产品销售作为贸易品的替代，并不构成美国的国际收支顺差或中国的国际收支逆差。同年，美国在华直接投资企业生产的产品出口到包括美国在内的其他市场也有 700 亿美元，这 700 亿美元的美国产品销售作为投资的补充，全部列入了中国的国际收支账户，成了中国的国际收支顺差。

3. 美国对华技术出口限制

美国不仅具有世界上最强的经济实力，而且拥有世界上最先进的技术水平。但美国出于遏制中国经济崛起及其他政治和军事目的，长期以来一直对华实行严格的技术出口限制。

美国对中国的技术出口限制的范围极其宽泛。1994 年，美国被迫放松了一些技术产品的对华出口限制，这些技术产品包括计算机、半导体、半导体制造设备、电信设备、示波器等。主要原因是，这类产品的技术并不为美国所独占，中国可以从其他国家和地区进口。但 1998 年美国又通过了国防授权法，对包括中国在内的许多国家在诸多技术领域施加出口限制，具体包括商业通信卫星发射、高性能计算机、核电、导弹、精密机床等敏感技术。中国在这些国家中虽然被列入管制程度最弱的 V 组，但却是该组中唯一不适用分销许可证的国家，即所有涉及的目录产品在对华出口时均需要有效许可证，一般许可证不适用于中国[①]。

美国对中国进行技术出口管制的程序复杂、手续烦琐。牵涉美国国务院、商务部、国土安全部、财政部、国防部、能源部等 11 个部门，这些部门的管制目标和管制强度不尽相同，部门之间基于各自不同的目的互相扯皮，这令美国技术产品出口商的协调成本居高不下。同时，美国对于违规向中国出口被管制技术产品的处罚也极其严格。2004 年，美国国务院指控波音公司和休斯公司向中国泄露了卫星技术，对这两家公司处以高达 6 000 万美元的罚款。实际上，泄露之说根本不能成立，只不过是这两家公司违背了所谓的"运作程序"[②]。

在这样的背景下，美国竟然在高新技术领域存在着对华贸易逆差。按照美国经济普查局高技术产品（ATP）分类标准确立的十大类高技术产品，2004 年时美国从中国进口 457 亿美元，出口 94 亿美元，美国对中国产生 363 亿美元的逆差。

四、不平衡的实质

中美之间为什么会产生贸易的不平衡呢？排除人为的出口限制等贸易扭曲因素，国际产业为什么会向中国转移？即东亚一些国家和地区的对美贸易顺差为什么会向中国转移？美国及其他国家国内的一些企业为什么要以直接投资的方式进入中国？这其实都是由中美之间的比较优势差异造成的。

当代产业结构调整所决定的国际分工格局已经成型，美国等先进国家支撑经济增长的主导力量不再是一些劳动密集型的普通制造业，而是一些位于产业链高端的高新技术产业和服务业。生产资源在全球范围内的配置特性决定了美国不可能再去广泛生产服装鞋帽玩具这些类型的产品了，美国从其他国家进口这类产品是势所必然的。这不仅符合国际产业分工的比较优势原理，也是符合美国消费者的根本利益的。而目前，中国拥有丰富而廉价的劳动力资源，又具有良好的发展环境，中国理所当然地成为所谓的"世界工厂"，为全世界生产劳动密集型产品，以及为一些高新技术产业提供劳动密集型的装

---

① 沈国兵. 美国出口管制与中美贸易平衡问题 [J]. 世界经济与政治，2006（3）.
② 张燕生，刘旭，平新乔. 中美贸易顺差结构分析与对策 [M]. 北京：中国财政经济出版社，2006.

配工序服务。

美国的贸易逆差总体上分三大类。第一类是石油资源性产品；第二类是与美国产业结构形成互补性的产品，如劳动密集型的纺织、轻工业等；第三类是与美国产业结构趋同的商品，如汽车零配件、半导体、计算机等。中国对美贸易顺差集中在后两类，但这两类在性质上有所不同。

2006年中国向美国出口家具、玩具、鞋帽、纺织品、服装、皮革箱包、塑料橡胶制品、玻璃陶瓷、纸制品、木制品等总值为1 047.7亿美元，这类劳动密集型产品代表了中国的比较优势。同年，中国向美国出口电机、电器、音像、光学、医疗、车辆、机械器具等设备约1 370.9亿美元，似乎中国在这类高新技术产业方面也对美国形成了威胁，但实质上这类产品的核心技术都掌握在外国公司手里，中国公司只不过是个加工贸易服务商。这类产品的大量半成品首先以进料加工和来料加工的形式进口到中国，中国对其进行简单组装后又出口国外。

美国之所以对中国产品保持着强劲的吸收能力，还与美国国内近年来的低储蓄率有密切的关系。美国在传统上就是一个低储蓄高消费的国家，20世纪80年代以来，技术水平的进步使美国的财富效应增强，公众普遍对未来的收入产生了较好的预期，消费水平猛增，其国内储蓄率持续走低。在2001年10月的时候，美国的国内储蓄率创下了只有0.3%的历史最低纪录。美国国内高昂的消费热情诱发了美国的巨量进口，并进而形成了一定规模的贸易逆差。应该看到，正是中国物美价廉产品的源源不断输入，使美国在保持了高消费的同时，抑制了美国国际收支的加速恶化。

但美国对中国的贸易逆差并没有对美国的经济利益产生损伤，美国反而是贸易不平衡的获益者。逆差仅仅是经济活动的表象，在不完全竞争的国际市场上，一个国家从对外贸易中获得的利益取决于他对市场的控制力，而不再是贸易差额的大小，即贸易利益已经与贸易平衡性彻底背离了。美国从其对华贸易逆差中获得了大量的进口收益、通货膨胀缓解收益和铸币收益。

在进口方面。当前，中国每向美国出口1美元的商品，在美国的零售价就接近4美元，美国的进口商在这个价值链中获取了巨大收益。以芭比娃娃玩具为例，中国进口原料和半成品价格1.65美元，出口产品价格2美元，每个芭比娃娃赚取0.35美元加工费，而在美国市场上每个芭比娃娃的售价是9.9美元。巨大的销售差价还带动了美国的就业，根据摩根士丹利的估计，大约有 400 万～800 万美国人的工作同对华贸易密切相关，其中大多数就依靠这种销售差价为生。美国普通消费者也从质优价廉的中国制造产品中获得巨大收益，十年来他们至少节省下了 6 000 亿美元的生活费用，仅仅儿童服装一项，美国父母们每年就少花费 4 亿美元。

在缓解通货膨胀压力方面。近年来世界原油价格一路上扬，从 1999 年 2 月每桶不足 10 美元的最低价直冲 2008 年 7 月每桶超过 140 美元的最高价，最大涨幅远远超过 20 世纪 70 年代的两次石油危机。但世界范围内的高通货膨胀和经济衰退并没有随着油价飞涨而出现，其中一个重要原因就是廉价的"中国制造"缓解了这种压力，而美国无疑是"中国制造"的最大受惠国。

在铸币收入方面。当前世界各国的外汇储备中，美元占到 60%，美国每年新增发的美元货币，有 2/3 是在境外流通的。这使美国每年依靠印刷机就获得了大量的铸币收入，这种铸币收入每年占美国 GDP 的 2.5% 左右，即 2 000 亿～3 000 亿美元。目前，中国以美元为主的外币资产合人民币已经高达约 10 万亿元，占货币供给总量（M2）的 1/4 左右。虽然人民币升值无助于缓解美国的贸易不平衡，但美国政府却不断以人民币汇率问题对中国政府施加压力，其真实动因是使中国的外汇储备资产贬值，让中国人为美国联邦政府的财政赤字买单——20 世纪 80 年代中期，在美国对日本和德国出现贸易逆差时，美国也是这么做的。

五、结论

中美之间客观存在的贸易不平衡是当代国际产业分工和两国比较优势差异的结果，美国的对华技术出口限制更加恶化了两国之间的贸易不平衡。但是这并不意味着贸易利益自然地倾向于贸易顺差一方，当代国际经济关系的一个突出特征就是贸易利益与贸易平衡性的背离。中国对美国出口的大量质优价廉商品不仅使低储蓄率的美国获得了贸易利益，节省了美国普通消费者的生活费用，还缓解了美国的通货膨胀压力，又使美国政府获得了不菲的铸币收入。

第三节　中国经济性质辨析

中国对外贸易过程中屡遭以"非市场经济体制"为由的反倾销诉讼。在对市场经济作为一种资源配置方式和计划经济作为一种生产安排方式的理论认识的基础上，归纳出市场经济的一般特征，通过对中国产品市场、生产要素市场、货币市场的分别考察，我们认为中国的经济性质从总体上仍处于市场经济的转型阶段，还不能算是一个完全转型成功的市场经济体制。

在加入世贸组织之后的 15 年的时间里，中国在对外经济贸易过程中遭遇了贸易对象的反倾销诉讼。目前各国的反倾销保障措施是在 WTO 的法律框架下做出的，中国在反倾销诉讼中的屡屡败诉，缘于所谓的中国的"非市场经济体制国家"。

一、问题的缘起

这一切的缘起在于 2001 年中国加入世界贸易组织议定书第 15 条的 a（ii）项条款，对该项条款的说明则需要追溯到 WTO 反倾销贸易保障措施这一制度性安排。

WTO 规范缔约国解决倾销争议的法律文件是《关于实施〈1994 年关税与贸易总协定〉第 6 条的协议》，简称《反倾销协议》。《反倾销协议》规定产品正常价值的确定有三种方法：一是按正常贸易过程中出口国国内销售价格确定；二是按出口国向第三国正常贸易中的出口价格确定；三是按结构价格，即根据同类产品在原产国的生产成本（包括实际消耗的原材料、折旧、能耗和劳动力等费用），加上合理的管理费、销售费、一般费用和利润确定。正常价值和出口价格进行适当的比较后就可以确定倾销是否成立以及倾销幅度的大小。

《反倾销协议》还规定，当进口产品来自贸易被完全或实质性垄断的国家，且其所有国内价格均被国家确定的情况下，进行价格比较可能存在特殊困难，这时进口方可以认定与此类国家的国内价格进行严格比较不一定适当，就需要选择第三国即替代国的国内价格进行比较，这常常导致歧视性的反倾销政策，即进口国以出口国的"非市场经济体制"为由，选择产品成本大大高于出口国的替代国价格进行比较。2004年5月美国贸易委员会裁定中国彩电企业倾销的诉讼中，就是以印度国内市场彩电价格为替代价格的。

当然，"非市场经济体制"并不是可以随意认定的，中国的"非市场经济体制"源于中国"入世"的中美贸易谈判，其基本内容体现在中国加入世界贸易组织议定书第15条的规定。议定书第15条"确定补贴和倾销时的价格可比性"a（ii）项规定："如受调查的生产者不能明确证明生产该同类产品的产业在制造、生产和销售该产品方面具备市场经济条件，则该WTO进口成员可使用不依据与中国国内价格或成本进行严格比较的方法"。议定书第15条d项同时规定："无论如何，a（ii）项的规定应在加入之日后15年终止"。就是说，在中国正式加入WTO的15年内中国仍然可以被认为"非市场经济体制"，此过渡期内，WTO成员在进行反倾销调查时可以任意对中国出口产品使用第三国替代价格计算倾销幅度。

中国刚刚加入世界贸易组织的时候，只有新西兰、新加坡、马来西亚、俄罗斯、巴西等极少数国家开始承认中国的"市场经济"地位，包括美国、欧盟、日本等中国主要贸易伙伴在内的大多数国家则不认可中国是一个"市场经济体制国家"。2004年6月3日美国商务部首次就中国市场经济地位举行了长达5个小时的听证会，10位美方代表"一边倒"地不同意认定中国市场经济地位。欧盟尽管早在1998年就在"905-98号法令"中已经将中国和俄罗斯从"非市场经济"国家名单中删除，但这并不意味自动承认了这些所谓的"市场转型经济国家"的"市场经济"地位。欧盟2004年6月在技术层面的"最初评估报告"中对中国市场经济地位的初步判断是：承认中国经济的市场化已经取得了一定的成绩，但同时又从几个主要方面指出中国经济市场化中存在问题，从而拒绝承认中国的市场经济地位。

二、"市场经济"本质的再认识

中国的市场经济地位不纯粹是一个经济问题，而且也是一个政治问题。

美国在对华关系问题上长期借经济问题打政治牌，已经是众所周知。欧盟虽不像美国那么明显，但 2002 年 11 月欧盟基于反恐的需要突然承认还不是世贸组织成员的俄罗斯的市场经济地位，多少说明了中欧经济关系还缺少一点政治利益的润滑剂。

但是，我们对中国经济性质的认识必须首先排除掉一切政治因素的思维干扰，将其作为一个纯经济问题来分析。

首先需要指出的是，在对"市场经济"本质的认识上中外经济学家都不同程度存在着理论误区，即错误地将资源配置方式和生产组织方式这两个不同层面的问题等同化或重叠化。长期以来人们已经习惯于认为"市场经济"和"计划经济"是一对相互对立的概念。其实"市场经济"是一种资源配置方式，而"计划经济"则是一种生产组织方式，这两者并不处于同一理论层面上，由此导致了理论认识上概念体系的混乱。如我国著名经济学家刘诗白主编的《政治经济学》一书这样表述："如果资源配置以计划为主，就称为计划经济；如果以市场作为资源配置的主要方式，就称为市场经济"①，我们不同意这种说法。美国经济学家劳埃德·雷诺兹在《宏观经济学：分析与对策》一书指出："作为经济组织的'纯粹形式'，我们可以区分自给自足经济、计划经济和市场经济。现实世界的经济一般是这几种形式的某种混合"，②，我们也不认同这种说法。

我们对"市场经济"本质的认识从以下两个方面展开。

在资源配置的层面上，存在着"市场经济"和"命令经济"的区别。作为一种资源配置方式，市场经济是以分工为基础的自由交换，这里所说的分工不仅指劳动的社会分工，也指不同生产要素的资源分工。自由交换以价格为基础，不存在任何非价格因素的歧视性干预。价格的形成由参与交换的各种资源的供给和需求来决定，不存在任何来自政府的强制性的定价干扰。这里需要注意的是，市场经济并不仅仅是现代微观经济学所说的完全竞争经济，在非完全竞争的垄断条件下，交换以及价格形成的自由并不受实质影响，所谓竞争和垄断都不过是市场经济的产业组织形式而已。与市场经济相对立，资源交换不能实现自由，受到了非价格因素（如审批、核准）的干扰；或价格形成不能反映供需平衡的市场出清，而是受到了价格管制，这样的资源配

---

① 刘诗白. 政治经济学 [M]. 成都：西南财经大学出版社，1993.
② 劳埃德·雷诺兹. 宏观经济学：分析与对策（中译本）[M]. 北京：商务印书馆，1983.

置方式就是非市场经济，我们将之称为"命令经济"。市场经济与命令经济相区别的关键在于交换和价格形成是否自由，从这个意义上讲，又可以分别将其称为"自由经济"和"管制经济"。

市场经济（自由经济）和命令经济（管制经济）并不考虑资源的所有制形式，所有制问题是一个产权问题，并不是本体论意义上的经济性质问题。市场经济（自由经济）和命令经济（管制经济）也不考虑生产的组织方式，注意：生产组织方式与前面讲到竞争和垄断时的产业组织形式是不同的概念，生产组织方式是资源配置基础上的生产活动的安排形式问题。

在生产组织方式的层面上，存在着"自发经济"和"计划经济"的区别。自发经济就是政府在生产活动安排过程中不予介入，计划经济是指在生产活动安排过程中政府作为供给或需求的一方介入。计划手段并不干扰前一个层面的资源配置，即"计划"不能泛化成用所谓的行政手段干扰交换的自由和价格形成机制本身。

命令经济和计划经济在不同层面上对价格的影响是不一样的，如图 4-2 所示。

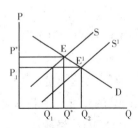

图 4-2　命令经济和计划经济对价格的影响

在"市场经济 + 自发经济"条件下，供给和需求的均衡价格为 P^*，均衡产量（交换数量）为 Q^*。现在实行命令经济进行价格管制，以最高限价为例，限制价格为 P_1，$P_1 < P^*$，此时市场需求增加到 Q_2，而市场供给只有 Q_1，造成 Q_1Q_2 的短缺。而在"市场经济 + 计划经济"条件下，政府并不直接规定价格，而是以一个市场平等主体的身份通过现代储备制度影响供给，为促使价格下降，政府减少储备增加供给，使供给曲线由 S 移动到 S^1，S^1 和 D 的均衡交点为 E^1，在该点，均衡价格为 P_1，$P_1 < P^*$，均衡产量（交换数量）为 Q_2。由此看来，计划经济并不破坏市场均衡，只有命令经济才破坏市场均衡。

所以，市场经济和计划经济两个概念不是对立的，而是可以相互融合、协调使用的。20 世纪后半期，日本、韩国等就是实际上采用了"市场经济 + 计划经济"的经济模式，并取得经济发展的成功。

三、"市场经济"的标准

20 世纪 30 年代以后，古典市场经济（市场经济 + 自发经济）已经被当代市场经济（不同程度的"市场经济 + 计划经济"，又称为"混合经济"）所取代，由于理论认识误区等原因，当前国际上并没有通行的"市场经济"判定标准。

美国认为中国不是一个市场经济国家，其判断依据是其国内屡经修订的《1930 年关税法》规定的六条标准，即：（1）该国货币与其他国家货币的可兑换程度；（2）雇员与雇主谈判工资的自由程度；（3）该国对合资企业或其他外国投资的准入程度；（4）政府所有权或对生产资料的控制程度；（5）政府对资源分配的控制程度与决定价格和产量的程度；（6）以及行政当局认为合适的其他因素。

另外，《美国联邦行政法规》第 19 编中引入了"市场导向型产业"的概念，允许外国企业在反倾销案件中申请所在行业被认定为"市场导向型产业"，其判断"市场导向型产业"的标准是：（1）政府基本不干涉相关产品的产量和定价；（2）生产该产品的产业以私有和集体所有制为主；（3）所有主要生产要素和原材料以市场决定的价格购入。

欧盟则允许"市场转型经济国家"的外国企业在单个案件中独立申请市场经济地位，其判断的标准是：（1）有足够证据表明企业有权根据市场供求情况决定价格、成本、投入等，不受国家的明显干预；主要原料的成本价格能够反映其市场价值；（2）企业有一套完全符合国际财会标准并能在所有情况下使用的基本财务记录；（3）企业的生产成本与金融状况，尤其是在资产折旧、购销、易货贸易、以资抵债等问题上，不受非市场经济体制的重大歪曲；（4）确保破产法及资产法适当地适用于有关企业，以保证法律上的确定性及企业经营的稳定性；（5）汇率随市场汇率的变化而变化。我们中国的经济学者将之归纳为政府行为规范化、经济主体自由化、生产要素市场化、贸易环境公平化、金融参数合理化五个方面。

因此，对市场经济的判断应该说带有很大的随意性。但透过这些随意性，

"市场经济"与"非市场经济"的本质区别还是不难分辨的。区别的关键在于以下五个方面，即：产品价格形成和产量决策机制；资源（包括生产要素和原材料）的分配方式；劳动力价格以及相关的流动性；资本的流动性；货币的自由化程度。只要以上五个方面没有政府的命令式干预，就有理由在理论层面上按照"国际惯例"确认一个经济体的"市场经济"属性。

四、中国经济的市场化程度

中国社会科学院美国研究所 2002 年完成的《美国贸易政策评估报告》中对中国的市场化程度给予了充分肯定。报告指出：1999 年中国社会商品零售总额中，由市场调节和实行国家指导价的比重已达到 95% 左右；在农产品收购总额中，市场调节和国家指导价的比重约占 90%；在生产资料的销售总额中，市场调节和国家指导价部分则占约 85%；至 2001 年底，由中央政府控制的价格（包括服务价格）只剩下约 15 种。报告由此认为，中国经济的市场化程度已经远高于许多世界贸易组织成员，已经不是一个"全部或大体上全部由国家垄断贸易并由国家规定国内价格的国家"。

2004 年 2 月，中国向欧盟提交了《2003 中国市场经济发展报告》，经过几个月的审议，欧盟向中方提出了 31 个具体问题，按照 31 个问题在 5 条标准中的分类，中方紧急递交了《中国市场经济补充报告》，中方递交的报告对市场经济程度的认定为 69%，超过世界 60% 的临界水平，"中国已是发展中的市场经济国家"。

上述对中国经济的市场化程度的判断犯了一个根本性的错误，就是将"市场"概念笼统化，从而导致了判断标准的失据。按照现代经济学的分析框架，我们应该将"市场"分解为产品市场、生产要素市场、货币市场，其中产品市场又细分为最终消费品市场和中间产品市场（即原材料市场），生产要素市场又细分为土地和自然资源市场、劳动力市场和资本市场。

在产品市场方面。中国的最终消费品的市场化程度可以说比较高，在这个市场上，几乎所有商品的交换都不存在政府的干预，而且价格的形成几乎完全由市场的供给和需求决定，已经很少存在政府管制的情况。但在中间产品市场，或者说在原材料等市场上，经济的自由化程度还比较低。从交换的角度看，2004 年 7 月 25 日《国务院关于投资体制改革的决定》已经对不分投资主体、不分资金来源、不分项目性质，一律按投资规模大小分别由各级政府及有关部门审批的投资体制进行了改革，"对于企业不使用政府投资建设的项目，一律不再实行审批制，区别不同情况实行核准制和备案制。其中，政府仅对重大项目和限制类项目从维护社会公共利益角度进行核准，其他项目无论规模大小，均改为备案制，项目的市场前景、经济效益、资金来源和产品技术方案等均由企业自主决策、自担风险。"企业投资自主权在某种程度上得以落实，但是这次改革仍然不能算是较为彻底的改革，因为在"规范政府核准制"的框架下，《政府核准的投资项目目录》将涉及中间产品的能源、交通运输、信息产业、原材料产业、机械制造、城市建设、社会事业等领域囊括无遗。在这些相关行业，投资规模超过一定生产能力和一定投资额度必须经过政府核准，而这些相应的生产能力和投资额度差不多是相关行业能够形成产业规模的底线，也就是说，在这些行业里，自由交换的原则并没有落到实处。从价格形成的机制看，命令经济时代的价格管制手段还仍然是宏观经济调控部门的基本政策工具，这在 2004 年上半年抑制经济过热的宏观调控过程中表现得极其充分，相关部门先后对能源和多种基础原材料产品实行了严厉的价格管制措施。

在生产要素方面。中国到目前为止土地并不是一种可以交换的商品，《中华人民共和国土地管理法》明确规定："中华人民共和国实行土地的社会主义公有制，即全民所有制和劳动群众集体所有制。任何单位和个人不得侵占、买卖或者以其他形式非法转让土地。"从制度经济学对产权进一步细化研究的角度看，使用权是比所有权更加具备实质性的内容，而《土地管理法》也确实规定了"土地使用权可以依法转让"，但是，这种依法转让是在"国家实行土地用途管制制度"的前提下进行的，而国家对土地用途的管制是通过政府部门来施行的，这便导致了实质性的土地转让审批制。其他的自然资源如金属和非金属矿产、水、航空航线、通信频率等基本也采用了与土地相类似的审批制度。如《中华人民共和国矿产资源法》就规定："矿产资源属于国家所有"，"开采……矿产资源的，由国务院地质矿产主管部门审批，并颁发采矿许可证"，并且严格"禁止将探矿权、采矿权倒卖牟利"（即限制交易）。至于劳动力市场，由于我们国家实行城乡分割、地域分割的户籍制度，实行个人与单位具有从属关系的人事制度，以及在此基础上派生出的社会保险制度、医疗卫生保障制度等，使劳动力的流动在总体上非常僵化。除非同一体系构架内的人口在不同区域之间的流动基本可以正常进行外，中国公民根本谈不上具有真正迁徙自由，相应的跨区域的劳动力市场也就不存在。在资本市场上，中国的金融体系缺乏统一性、多样性和层次性，资本市场行为主体因监管当局以核准制之名行审批制之实而丧失了行为方面独立性，因此，美国卡托研究所（Cato Institute）副主席詹姆斯·多恩（James Dorn）对中国资本市场进行考察之后在 2002 年第 16 期的《财经》杂志发表结论为："中国目前还没有真正意义上的资本市场"。中国目前所谓的资本市场在经济发展过程资本形成中的作用可以说是微乎其微，根据国家统计局和中国证监会网站资料，2003 年全年中国固定资产投资总额为 55 118 亿元，而资本市场的股票发行、配股、可转债筹资总额不过 1 357.75 亿元。

在货币市场方面。现代经济是一种货币经济，现代市场经济必然地要求货币系统具有较高的自由化程度。但当前中国货币市场的零售业务中还没有建立起基本的利率形成机制，市场利率作为货币的使用价格不是由货币供给和货币需求均衡决定的结果，而是由货币管理当局制订的，这个官方的利率水平在某个时期内是固定的，不是波动的，根本不反映货币供给和货币需求的影响。汇率形成机制也存在不完善的地方，1994 年中国开始实行"以市场供求为基础的，有管理的浮动汇率制度"，但 1997 年亚洲金融危机后在稳健的名义下，对汇率的管理越来越倾向于紧钉美元，1 美元兑 8.28 元人民币左右的狭小汇率区间维持了长达七年之久，在国际收支连续顺差的条件下，为了维护对外贸易集团的利益，为了维持所谓人民币不贬值，中央银行只有靠不断增发货币买进市场上多余的美元，并因此损失普通国内消费者的福利水平。在外汇管理方面，1996 年 4 月起，经常项目已经基本实现了结售汇制度下的可自由兑换，但资本项目的外汇收支仍然需要外汇主管部门的审查和批准。

五、简短结论

"非市场经济体制国家"问题虽已时过境迁，但通过以上对"市场"的结构性分析，结合我们归纳的"市场经济"标准，我们只能得出中国的市场化程度还比较低的结论，中国确实还不能算是一个实现了完全转型的"市场经济体制"国家，发挥市场在资源配置中的决定性作用的目标还任重道远。

实行社会主义市场经济体制是中国人民吸取惨痛的历史教训而做出的战略选择，是中国通向繁荣昌盛的必由之路。在向"市场经济体制"转轨的过程中，其他国家是否承认，贸易是否受点损失，并不是最主要的问题。最根本的是，我们既然已经选择了这种体制，就应该勇于破除旧体制的惯性、顺应时代的潮流、把握历史的机遇，稳健而又积极地深化中国的市场化改革。

第五章

他山之玉：国际经贸专题

第一节　日本"进口替代"发展时期的经济分析

日本在 19 世纪末 20 世纪初这段时间成功实现了"进口替代"型的经济增长。从产业结构看，日本不仅实现了轻纺工业的"进口替代"，同时广泛实行着重化工业的"进口替代"。从贸易结构看，日本原材料产品的出口比重急剧下降，进口急剧上升；轻纺工业的进口比重急剧下降，出口开始上升。"进口替代"的成功离不开高关税壁垒和非均衡汇率的保障措施。

"进口替代"是发展经济学的一个重要概念，一般认为，它是一种"从经济上的独立自主的目的出发，减少或完全消除某种产品的进口，国内市场完全由本国生产者供应的政策"[①]。20 世纪 70 年代，旅美华人经济学家杨叔进指出："进口替代是一种自然的过程"，"19 世纪晚期和 20 世纪早期的日本经验便是人们常常引用的例子"[②]。我们从经济增长与产业结构变动和对外贸易结构变动两个方面对这段时期日本的"进口替代"情况进行考察和分析。

---

① 罗志如等. 当代西方经济学说［M］. 北京：北京大学出版社，1989（369）.
② 杨叔进. 经济发展的理论与策略［M］. 南京：江苏人民出版社，1983（350）.

一、经济增长及产业结构的"进口替代"分析

"进口替代"既与工业化有关，也与对外贸易有关，对外贸易结构的变化导源于整个产业结构，尤其是制造业产业结构的变化。本书这一部分从日本的经济增长率入手，分析经济增长的产业结构比率变化和制造业行业比率的变化，从而观测"进口替代"的效果。根据大川一司和罗索夫斯基的研究，日本现代经济增长及工业化的起点是在 1886 年，因为此前如 1880~1885 年制造业的实际生产额是停滞不前的，1886 年却迅速地增长，增长率达到了18.3%[①]。因此，本书对日本"进口替代"分析时限确定为 1886~1920 年，为了便于比较和使用资料上的方便，个别地方的时限适当提前或延后。

1886~1920 年，日本的经济增长率在当时世界上是很高的。从表 5-1 中来看，作为一个新兴的资源匮乏的国家，它超过了正在走弱的英国和萎靡不振的意大利，而与美国、德国等强国以及澳大利亚和斯堪的那维亚半岛等资源丰富蓬勃发展国家相提并论，而同期中国的年均经济增长率只有 1.00%（1887~1914 年）[②]。

表 5-1　　　　　　　　　近代日本及其他国家的经济增长率

时　期	日本	英国	意大利	美国	德国	澳大利亚	瑞典	丹麦
1881~1885 年 1886~1890 年	3.53	1.71	0.75	—	2.61	3.79	2.17	3.05
1891~1895 年 1896~1900 年	3.12 2.25	2.42	1.32	4.30[a]	3.09	0.44	3.36	3.60
1901~1905 年 1906~1910 年	1.84 2.29	1.32	2.79	3.86	2.84	4.27	3.45	3.25
1911~1915 年 1916~1920 年	3.35 4.77	0.20	1.49	2.70		1.33	1.51	2.34[b]

注：a 为 1893~1900 年；b 为 1911 年。

资料来源：南亮进. 日本的经济发展 [M]. 北京：对外贸易教育出版社，1989.

[①]　Ohkawa, Rosovsky. *Japanese Economic Growth: Trend Acceleration in the Twentieth Century* [M]. Stanford University press, 1973.

[②]　刘佛丁，王玉茹，于建玮. 近代中国的经济发展 [M]. 济南：山东人民出版社，1997.

日本的经济增长率之所以在国际上处于领先地位，根据美国哈佛大学格辛克隆提出的相对后进性假说，在初期阶段的经济发展水平较低，其后来的经济增长率越高。因为经济发展的水平低下就意味着该国的技术水平的落后，从而从其他国家引进技术的可能性就大。19世纪80年代日本的相对后进性表现在两个方面。第一，日本在开始现代经济增长时同发达国家的差距。如前所述，日本现代经济增长是从1886年开始的，因资料所限，我们缺乏该年度的横向比较数字，因而以1870年为例。假设1870年英国的人均GNP指数为100，则日本只为25.1，在所有可举例国家中最低，详见图5－1。第二，日本与发达国家在各自现代经济增长起点之间的差距。以1965年的美元币值计算，日本现代经济增长开始时的人均GNP只有136美元，只达到英国现代经济增长时的59.9%，美国的28.7%，澳大利亚的17.9%，详见表5－2。

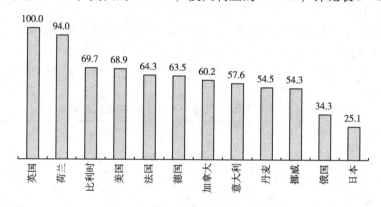

图5－1　1870各国人均GDP指数

表5－2　　　　　　　各国现代经济增长初始阶段的人均GDP

国家	人均GDP（1965年美元币值）	时期
澳大利亚	760	1861～1869年
瑞士	529	1865年
加拿大	508	1870～1874年
美国	474	1834～1843年
丹麦	370	1865～1869年
荷兰	347	1831～1840年
比利时	326	1831～1840年
德国	302	1850～1859年
挪威	287	1865～1869年

续表

国家	人均GDP（1965年美元币值）	时期
意大利	261	1861~1869年
法国	242	1831~1840年
英国	227	1765~1885年
瑞典	215	1861~1869年
日本	136	1886年

资料来源：南亮进. 日本的经济发展［M］. 北京：对外贸易教育出版社，1989.

在19世纪末20世纪初日本快速增长的过程中，制造业的发展对其贡献最大。从每年各产业实际产值的增减占该年度实际GDP增加的比率，即相对贡献度来看，如表5－3所示，1888~1900年制造业的相对贡献度为31.6%，1900~1910年上升为52.4%，1910~1920年为45.0%，在整个20世纪前20年里都占有最高的比例。制造业在GDP中的构成比例也随之呈逐步上升趋势，如表5－4所示，在名义GDP的构成中，制造业的比例由1888年的19.6%上升到1900年的25.5%，再上升到1910年的31.9%，又上升到1920年的40.9%。

表5－3 　　　　　　　近代日本各产业对实际GDP的相对贡献度　　　　　　　单位:%

期间	A产业	M产业	S产业	A+M+S全产业
1888~1900年	17.8	31.6	50.6	100.0
1900~1910年	20.8	52.4	26.8	100.0
1910~1920年	11.0	45.0	44.0	100.0

资料来源：南亮进. 日本的经济发展［M］. 北京：对外贸易教育出版社，1989.

表5－4 　　　　　　　　　近代日本名义GDP的产业构成　　　　　　　　单位:%

年份	A产业	M产业	S产业	A+M+S全产业
1888	44.7	19.6	35.7	100.0
1900	40.5	25.5	34.0	100.0
1910	36.4	31.9	31.7	100.0
1920	29.0	40.9	30.3	100.0

资料来源：南亮进. 日本的经济发展［M］. 北京：对外贸易教育出版社，1989.

在制造业内部，产业结构也发生着变化。如表5－5所示，纺织业在制造业产值中所占的比重由1877年的26.4%上升到1900年的37.2%，到1920年时仍维持在35.8%，这是日本实行以纺织业为主的轻工业"进口替代"的结果。重化学工业在制造业产值中的比重由 1877 年的 22.9% 下降到 1900 年的 15.9%，这一方面是因为纺织业实行"进口替代"效果明显，所占比重上升所致；另一方面也是为了集中生产要素支持纺织业的"进口替代"，根据产业次序的选择，重工业暂时没有得到发展，甚至纺织业所需的机器设备也主要从国外进口。从 1900 年到 1920 年，重化学工业在制造业产值中的比重由 15.9% 上升到 31.2%，这是这个时期日本不仅实行轻纺工业"进口替代"，同时广泛实行重化工业"进口替代"的结果。

表 5 - 5 　　　　　　近代日本制造业名义产值的行业构成 　　　　单位:%

年份	纺织业	食品业	重化工业	其他
1887	26.4	37.1	22.9	13.6
1900	37.2	35.8	15.9	11.1
1920	35.8	22.7	31.2	10.3

资料来源：南亮进. 日本的经济发展 ［M］. 北京：对外贸易教育出版社，1989.

二、贸易结构的"进口替代"分析

"进口替代"是在制造业生产领域实施的，它的效果则从对外贸易商品的结构变动中反映出来。而对外贸易从明治维新以后就在日本的经济生活中发挥着重要的作用。

19 世纪 70 年代以来，日本的对外贸易迅速地增长，详见表 5 - 6。20 世纪 20 年代初，日本的出口和进口分别是 19 世纪 70 年代末的 19.9 倍和 16.6 倍，而同期的世界贸易只增长到 2 ~ 3 倍。出口和进口占国民收入的比重在 19 世纪 90 年代初分别为 3.2% 和 6.0%，到 20 世纪 20 年代初分别上升到 10.1% 和 16.9%。

表 5 - 6 　　　　　　　　近代日本对外贸易的扩大

期间	出口指数	进口指数	世界贸易指数	出口（FOB）与 GNP 比率（%）	进口（CIF）与 GNP 比率（%）
1874 ~ 1883 年	52.7	64.1	*	*	*
1877 ~ 1886 年	66.2	69.1	*	*	*

续表

期间	出口指数	进口指数	世界贸易指数	出口（FOB）与 GNP 比率（%）	进口（CIF）与 GNP 比率（%）
1882～1891 年	100.0	100.0	100.0	*	*
1887～1896 年	143.1	164.3	116.0	3.2	6.0
1892～1901 年	202.0	275.0	130.6	3.9	8.8
1897～1906 年	295.7	400.5	159.8	5.2	11.6
1902～1911 年	417.9	487.6	185.7	6.7	12.8
1907～1916 年	643.7	592.8	192.7	9.2	13.9
1912～1921 年	921.2	749.2	192.6	10.6	14.2
1917～1926 年	1049.1	1067.9	223.2	10.1	16.9

注：根据 5 年移动平均数计算。

资料来源：大川一司，筱原三代平，梅村又次. 贸易和国际收支［M］//长期经济统计：14. 东洋经济新报社，1974.

对外贸易量的扩大也引动了对外贸易商品结构的变化。从表 5-7 和表 5-8 来看，从 19 世纪 70 年代末到 20 世纪 20 年代初，工业品的进口比重由 91.2% 下降到 45.7%，降低了 1/2，如此大的降低幅度主要是由轻工业品进口比重的下降造成的，其中纺织品由 54.0% 下降到 5.0%，已经微不足道了，其他轻工业品也从 17.8% 下降到 9.0%，这说明这段时期轻工业品的"进口替代"取得了明显的效果。重化工业品的进口比重在 19 世纪末期由 19.4% 上升到 32.6%，这是为了促进轻纺工业的"进口替代"而大量进口机器设备和先进技术的结果，21 世纪前 20 年间，重工业的进口比重一直维持在 30% 稍多一点的水平，不再上升，说明这时期对重化工业产品也开始实行"进口替代"。但因为这段时期"进口替代"的重点仍然是轻纺工业，尤其是纺织产品已经开始向国外大量出口，并成为出口的支柱产业，出口比重由 41% 多上升到 60% 多（这同时是一个机制纺织品代替手工纺织品的过程）。因此 20 世纪头 20 年重化工业的"进口替代"效果尚不很明显。

表5-7　　　　　　　　　　近代日本出口商品的结构　　　　　　单位：%

期间	一次产品	工业品			
		合计	纺织品	其他轻工业品	重化学工业品
1874~1883 年	42.5	57.5	42.4	6.9	8.2
1877~1886 年	39.5	60.5	43.0	7.8	9.7
1882~1891 年	33.0	67.0	45.6	9.0	12.4
1887~1896 年	26.3	73.7	48.9	11.3	13.5
1892~1901 年	21.0	79.0	52.6	13.2	13.2
1897~1906 年	16.6	83.4	53.6	15.9	13.9
1902~1911 年	14.1	85.9	53.8	17.2	14.9
1907~1916 年	12.3	87.7	53.6	16.7	17.4
1912~1921 年	9.0	91.0	56.4	15.3	19.3
1917~1926 年	7.3	92.7	63.6	14.0	15.1

资料来源：大川一司，南亮进. 近代日本的经济发展［M］. 东洋经济新报社，1975.

表5-8　　　　　　　　　　近代日本进口商品的结构　　　　　　单位：%

期间	一次产品			工业品			
	合计	粮食	原料燃料	合计	纺织品	其他轻工业品	重化学工业品
1874~1883 年	8.8	0.7	8.1	91.2	54.0	17.8	19.4
1877~1886 年	10.3	0.8	9.5	89.7	49.6	18.7	21.4
1882~1891 年	18.7	5.0	13.7	81.3	37.4	17.4	26.5
1887~1896 年	28.3	7.1	21.1	71.8	28.2	14.6	29.0
1892~1901 年	36.4	9.9	26.6	63.6	16.8	14.2	32.6
1897~1906 年	43.2	13.5	29.3	56.9	11.8	12.3	32.8
1902~1911 年	45.2	12.5	32.8	54.8	9.6	10.8	34.4
1907~1916 年	50.0	10.3	39.7	50.0	5.7	9.9	34.4
1912~1921 年	52.6	12.5	40.1	47.4	3.3	8.5	35.6
1917~1926 年	54.3	16.1	38.2	45.7	5.0	9.9	30.8

资料来源：大川一司，南亮进. 近代日本的经济发展［M］. 东洋经济新报社，1975.

随着工业品"进口替代"的发展，其进口比重急剧下降，而一次产品的比重却不断上升，由 19 世纪 70 年代末的 8.8% 上升到 20 世纪 20 年代初的

54.3%。这一方面是工业品进口比重下降突显出一次产品进口比重的上升，另一方面是由于工业品的"进口替代"需要从国外大量进口原材料的结果，而日本又是一个资源匮乏的国家，原材料对国外的依赖程度很高，进口比重由原来的8.1%上升到38.2%。同时，日本一次产品的出口比重也下降了，由42.5%下降到7.3%，因为一方面一次产品在国内加工可以获得越来越大的经济利益，另一方面"进口替代"初期所需的大量机器设备的进口主要依赖一次产品的出口所换取的外汇来支付，随着轻纺工业"进口替代"的成功，国外市场也开拓了，所需外汇已经可以不再主要用一次产品来换取，因而出口比重就下降了。

工业"进口替代"的效果还可以从进口依存度方面清楚地反映出来。所谓进口依存度就是进口量与国内需求的比率（国内需求 = 国内产量 + 进口量 − 出口量）。表5 − 9是一些主要工业产品的进口依存度变化表。纺织品的进口依存度从19世纪70年代末的42.2%下降到20世纪20年代初的6.5%，国内需求的93.5%的纺织品都可以由国内生产提供而不需要进口，纺织品"进口替代"的效果与前面对外贸易结构变动的分析是一致的。化工产品、金属制品、机械产品的进口依存度从19世纪70年代末起逐渐上升，到世纪之交时达到最高值，而后逐渐减少或基本保持不变，重化工业的"进口替代"效果也与前面对外贸易结构变动的分析基本一致。

表5 − 9　　　　　　　　近代日本行业进口依存度的变化　　　　　　　单位:%

期间	纺织品	化学品	金属品	机械
1874 ~ 1883 年	42.2	4.8	32.7	26.0
1877 ~ 1886 年	37.0	4.6	40.9	31.8
1882 ~ 1891 年	28.9	7.5	48.4	50.8
1887 ~ 1896 年	21.1	11.5	59.2	60.4
1892 ~ 1901 年	16.2	18.9	69.5	65.3
1897 ~ 1906 年	16.5	27.1	73.8	62.4
1902 ~ 1911 年	15.3	33.3	66.3	53.2
1907 ~ 1916 年	9.2	33.7	50.9	40.3
1912 ~ 1921 年	4.6	31.1	36.1	23.1
1917 ~ 1926 年	6.5	31.2	32.1	23.3

资料来源：大川一司，筱原三代平，梅村又次. 贸易和国际收支 [M] //长期经济统计：14. 东洋经济新报社，1974.

三、"进口替代"的经济保护措施

发展经济学认为实行"进口替代"的贸易保护措施有关税、汇率等经济手段以及政府补贴、进口限额等行政手段。下面分析日本在 19 世纪末和 20 世纪初实行贸易保护的经济性措施。

表 5 - 10　　　　　　　　　　　近代日本平均关税率　　　　　　　单位：%

年份	一次产品 A	纺织品 B	食品 C	其他轻工业品 D	轻工业品 E = B + C + D	重化工业品 F	全商品 A + E + F
1893	3.43	3.20	3.22	4.71	3.78	4.32	3.91
1898	2.68	2.84	3.36	4.62	3.69	4.24	3.71
1903	6.63	12.43	12.61	11.86	12.24	9.32	9.88
1908	12.69	14.86	35.89	16.21	20.87	13.33	16.19
1913	10.94	20.68	42.67	21.11	26.13	17.66	19.81
1918	7.02	9.55	24.44	11.71	13.99	9.06	10.68

资料来源：大川一司，筱原三代平，梅村又次. 贸易和国际收支［M］//长期经济统计：14. 东洋经济新报社，1974.

关税是一种最重要的贸易保护措施。日本先后废除了明治维新以前的一些不平等条约，收回了关税自主权。表 5 - 10 按产业分类列示了这段时期的平均关税率。从该表看，第一次世界大战以前，日本的关税税率是逐渐提高的，总体税率由 1893 年 3.91% 提高到 1913 年的 19.81%，其中轻工业提高幅度最大，从 3.78% 提高到 26.13%，纺织业从 3.2% 提高到 20.68%，食品加工业从 3.22% 提高到 42.67%。一次产品和重化工业产品是促进轻纺工业"进口替代"所必需的，关税水平虽有提高，但提高幅度大大低于轻工业，分别是 3.43% 提高到 10.94%，从 4.32% 提高到 17.66%。第一次世界大战期间，世界主要资本主义国家忙于战事，日本获得了较快的发展，随着经济实力的上升，来自国外工业产品的压力大大减小，关税税率也随之大幅度下调，但轻纺工业的税率仍然要高于一次产业和重化工业。

有效的汇率制度也是一种实行"进口替代"的重要的贸易保护措施。根据购买力平价理论确定的均衡汇率只是一种理想汇率，当本币贬值时，进口产品的价格高于它的真实价格，本国工业产品的价格相对较低从而抑制了外国产品的进口；当本币升值时，则出现相反的情况，便利了外国产品的进口，但"进口替代"所需的资本品和中间产品的价格也相应降低了，这对"进口替代"来说是有利的一面。因此，汇率对"进口替代"的作用较为复杂。19世纪末20世纪初，国际货币英镑和美元自身的波动幅度较大，再加上日元本身也极不稳定，这就使分析的难度加大。因此，本书采用进口相对价格来分析"进口替代"现象的相对价格变动。

所谓进口相对价格就是进口价格与国内价格的比值，见表5–11。

表5–11　　　　　　　　　　近代日本进口相对价格的变动

期间	纺织品	化学品	金属品	机械
1874~1883 年	42.1	103.6	62.6	67.5
1877~1886 年	40.1	104.7	58.5	70.5
1882~1891 年	42.4	104.4	59.7	65.5
1887~1896 年	51.2	100.6	63.6	59.4
1892~1901 年	56.7	94.7	61.6	55.4
1897~1906 年	60.9	87.0	56.7	44.5
1902~1911 年	64.2	82.2	64.5	36.0
1907~1916 年	67.7	85.4	75.1	36.0
1912~1921 年	78.0	87.4	94.3	42.4
1917~1926 年	78.9	82.8	101.7	51.5

资料来源：大川一司，筱原三代平，梅村又次. 贸易和国际收支 [M] //长期经济统计. 14. 东洋经济新报社，1974。

进口相对价格本身已经包含了汇率作用的因素，并且观察起来更加直观。从19世纪70年代末到20世纪20年代初，纺织品的进口相对价格从42.1上升到78.9，就是说国外的纺织品在日本的销售价格与国产纺织品相比上升了几乎1倍，因此，对国外纺织品起了极强的抑制作用。重化工产品的进口相对价格如机械、金属制品和化工产品各有波动，但变化趋势不明显。可见，进口相对结构变化对"进口替代"的利益效果同前面分析的关税政策效果是一致的。

第二节 日本"出口导向"发展时期的 经济分析

日本在 20 世纪 50～70 年代成功地实现了"出口导向"型经济发展。日本政府的经济措施、物价水平、劳动力价格、市场利率、日元汇率等经济因素构成了"出口导向"成功的保障条件。"出口导向"战略的实施不仅带动了日本对外贸易商品结构的进步，而且因为市场规模的扩大而促进了日本产业结构的升级。日本的经验告诉我们，"出口导向"型发展战略的成功，必须保证对外贸易商品结构"镜像"与国内产业结构"原像"的同步优化。

一、问题的提出

当前，受世界性经济危机的影响，中国长期过分依赖外部需求拉动来维持经济增长的发展模式将遭遇到严重的困难。而 20 世纪 50～70 年代的日本却能够成功地实施"出口导向"型的经济发展战略，然后迅速地摆脱外需依赖，依靠内需驱动而跻身于世界发达国家行列。其根本原因在于，在各种相关的经济手段的配合下，日本高质量的"出口导向"带动了对外贸易结构和国内产业结构的同步高级化。深入地分析日本这一时期的对外贸易结构和产业结构的变化过程，有助于为中国外向型经济目前摆脱的困境提供可资借鉴历史参照。

二、日本"出口导向"的经济条件

尽管"出口导向"这一术语的出现是稍后的事情，但早在"二战"结束后不久，日本就在实践中走上了"出口导向"型发展道路。战后初期日本在决定走经济发展道路的问题上存在着"开发主义"和"贸易主义"两种争论。以都留重人和有泽广巳为代表的"开发主义"论者认为，因战后世界市场分裂，日本应在政策上有计划地优先开发国内资源，而以中山伊知郎和高垣寅次郎为代表的"贸易主义"论者则认为日本国内资源匮乏，投资资本短缺，技术力量薄弱，但劳动力资源却相对丰富，"贸易是立国之本"①。最终，"贸易主义"论者取得了胜利。日本政府采取"出口导向"战略后，在"或是出口，或是死亡"的口号下，疾呼"必须采取一切措施和尽一切努力集中力量振兴出口"，明确提出"振兴出口是使日本经济走向繁荣的唯一关键"②。

为了给出口创造有利的环境，日本政府采取了一系列的措施，先后成立了一系列振兴出口的机构，如"出口会议"和"振兴会"；实行"出口表彰制度"，颁发"振兴出口有功者国家奖章"。政府实行出口保险制度，当出口贸易在国外因不可抗拒的因素而出现风险时，由政府从国家预算中拿出资金赔偿大部分损失，或对民间保险公司和出口商保险合同提供信用担保。日本政府还对出口企业实行补贴制度，使日本产品以低于国内价格甚至低于成本的价格在海外市场展开竞争，亏损部分则由国内盈利或国家财政来弥补，如20世纪50年代人造丝的海外销售价格比国内价格低27%，钢铁的海外销售价格比国内低1/3③。补贴的另一种形式表现在税收方面，日本于1952年颁布了一个特别租税措施法，对出口收入实行特别减税，对出口亏损准备金实行免税。其实，日本的总体税率在西方国家中一直是最低的。从税收占GDP的比重来看，1972年时，日本为21.2%、美国为28.1%、英国为34.7%、法国为35.8%、联邦德国为36%、挪威则高达45.7%④。根据约瑟夫·A.帕奇曼和贝冢启明的研究，1965～1972年，日本公司所得税的实际税率为20.1%，美国则为27.2%⑤。另外，日本还为出口大企业实行优惠的累退税制，根据东京都1971年的调查，资本为1 000万～5 000万日元的法人税率为45.69%，5 000万日元以上企业的法人税率累进依次降低，最后资本100亿日元以上的169家大型企业仅为32.24%⑥。

---

① 高垣寅次郎. 日本の贸易政策［M］. 东京"有斐阁"，1955.
② 通商产业省. 通商白皮书［Z］. 东京，1949，1962.
③ 色文. 现代日本经济的发展［M］. 北京：北京大学出版社，1990.
④⑤ 都留重人. 日本的资本主义（中译本）［M］. 上海：复旦大学出版社，1995.
⑥ 林直道. 现代日本经济（中译本）［M］. 北京：北京大学出版社，1995.

除了日本政府采取了一些措施来促进"出口导向"之外，当时日本自身的经济因素如物价、劳动力价格、市场利率、日元汇率等也有利于"出口导向"的发展。

物价方面。在"二战"以后的最初几年里，日本的通货膨胀率非常高。以批发物价为例，1945 年是 1934～1936 年的 3.5 倍，到 1952 年时已猛涨至 349.2 倍①，通货膨胀严重干扰了正常经济条件下的信用基础，不利于经济的稳定，也不利于"出口导向"型政策的实施。从 1953 年起，随着整个国际经济通货膨胀率的下降，日本的批发物价价格逐渐趋于平稳，1972 年与 1952 年相比，20 年间日本的批发物价指数只上涨了 14.5%②。而且，这时期日本物价上涨局限于非贸易品，贸易品价格基本保持着稳定③。物价水平的稳定有利于日本出口企业准确核算成本收益，减少出口生产的不确定性。

劳动力价格方面。战后很长一段时间内，日本实行的是最低工资制度。根据联合国国际劳工统计年鉴的统计，1960 年主要西方国家中日本的实际工资最低，美国为日本的 4.77 倍，英国为 2.14 倍、联邦德国为 1.69 倍、法国为 1.19 倍。从 1955 年到 1986 年，日本的劳动生产率增长了 8.79 倍，而同期的实际工资只增长了 3.65 倍，实际工资增长率远远低于劳动生产率的提高率④。与低工资相联系，日本工人还承担工时长的超负荷压力，到 1978 年时，日本制造业工人全年劳动时间 2146 小时，比同期联邦德国多 418 小时，比法国多 347 小时，比美国多 212 小时，比英国多 189 小时⑤。低劳动力价格使企业生产成本降低，从而在价格上为产品的出口确立了竞争的优势。

市场利率方面。日本企业的资本融资方式主要依赖于银行贷款，而股票和公司债券等形式的直接资本市场筹资比例非常小，直接资本市场筹资比例 1950～1960 年为 27.6%，1961～1965 年下降为 19.1%，1966～1970 年则更下降至 11.3%，银行贷款比例 1950～1960 年为 65.6%，1961～1965 年上升至 68.8%，1966～1970 年又升至 76.8%⑥。银行贷款的作用之所以越来越大，与日本银行的贷款利率降低，从而以贷款方式融资的成本下降有关。1952 年，

---

① 都留重人．日本的资本主义（中译本）[M]．上海：复旦大学出版社，1995．

② 王琥生．战后日本经济社会统计 [M]．北京：航空工业出版社，1988．

③ 安场保吉．日本经济史（8）高速增长（中译本）[M]．北京：生活·读书·新知三联书店，1997．

④ 色文．现代日本经济的发展 [M]．北京：北京大学出版社，1990．

⑤ 林直道．怎样看日本经济（中译本）[M]．北京：中国对外经济贸易出版社，2003．

⑥ 伊藤正则．日本经济的腾飞经验与借鉴（中译本）[M]．北京：中国计划出版社，1991．

日本全国银行综合贷款的平均利率约为 9.29%，到 1960 年时下降为 8.17%，1972 年更下降至 6.73%[①]。当时，日本的"低利率政策"是通过日本政府货币政策当局的"窗口指导"实现的。

日元汇率方面。日本从 1949 年开始，在布雷顿森林体系框架下实行固定汇率政策，1 美元兑换 360 日元，这一固定汇率一直持续了 22 年，到 1971 年为止[②]。固定汇率制度有利于稳定汇价，对于日本的对外经济联系起了极大的作用。在初期，日本的通货膨胀还比较严重，1∶360 的汇率对日元的估价偏高，日本产品在国际市场上的价格无形之中被抬高，这对日本的出口来说是不利的。但维持固定比价的汇率制度，是日本对国际货币基金组织所承担的义务，日本政府本身无力改变它，日本只能从降低产品成本，提高成品质量，促进出口的发展。20 世纪 60 年代中期以后，随着日本经济实力的增强，日本的国际收支状况明显改善，日元价值上升，这个固定的外汇汇率制度又将日元的价值低估了，这使日本产品在国际市场上的价格降低了，从而极大地促进了日本的出口，为日本的"出口导向"创造了良好的契机。

三、日本的"出口导向"与对外贸易结构进步

"二战"后日本在其"贸易主义"的旗帜下，对外贸易在日本的经济生活中发挥着越来越重要的作用。20 世纪 50 年代前期进出口与 GDP 的比率分别为 4.1% 和 5.8%，到 20 世纪 60 年代末，已经上升到 10.6% 和 10.3%，各翻了一番，对外贸易在日本经济发展中的作用提高了一倍。再从对外贸易本身的增长幅度来看，从 1951 年到 1970 年，世界贸易的增长幅度是 3 倍多，而同期日本的出口却增长了 10 倍多，进口增长了 7 倍多，日本的进出口增长远远高于世界平均水平，详见表 5－12。而且日本出口的增长又快于进口的增长，这显然与日本政府和民间企业"出口导向"发展战略的实施有关。

---

① 通商产业省. 日本通商产业政策史（第 16 卷）（中译本）［M］. 北京：中国青年出版社，1995.

② 赵风彬. 日本对外经济关系［M］. 北京：中国对外经济贸易出版社，1990.

表 5 – 12　　　　　　　　　　　　战后日本贸易的发展

期间	出口 指数	进口 指数	世界贸 易指数	出口（FOB） 与 GNP 比率（%）	进口（CIF） 与 GNP 比率（5）
1951～1955 年	100.0	100.0	100.0	4.1	5.8
1956～1960 年	235.0	189.6	137.5	6.6	7.6
1961～1965 年	466.8	374.2	195.3	8.0	9.0
1966～1970 年	1 043.5	715.0	315.0	10.6	10.3

资料来源：大川一司，筱原三代平，梅村又次. 贸易和国际收支［M］//长期经济统计：（14）. 东京东洋经济新报社，1974：3.

在贸易量扩大的同时，对外贸易的商品结构也发生了重要的变化。如表 5 – 13 所示，"出口导向"的发展首先从出口商品的结构变化中反映出来。从 1955 年到 1975 年，日本轻工业的出口比重由 53.5% 锐减至 12.1%。其中，纺织品由 37.2% 减至 6.7%，下降了近 5 倍。而重化工业的出口比重从 38.0% 上升到 83.3%。尤其是机械制品，上涨幅度由 13.9% 增至 53.8%，提高了近 4 倍。表 5 – 13 中未能在机械制品项目下再行细分。实际上，1955～1975 年，机械制品中仅汽车一项的出口就由 0.3% 猛增至 11.1%[①]，汽车已经成为日本经济最大的支柱产业。再如家用电器（包括电视机、收音机、录音机和录像机等），1955 年日本海关尚无此项出口统计，到 1973 年，它在出口中所占的比重已高达 7.1%[②]，成为继汽车之后的又一"出口导向"型支柱产业。

表 5 – 13　　　　　　　　　　　　战后日本出口商品结构　　　　　　　　单位：%

年份	重化工业品	（机械）	轻工业品	（纺织）	食品及其他
1955	38.0	13.9	53.5	37.2	8.5
1960	43.4	25.0	48.4	30.2	8.2
1965	62.5	35.1	31.9	18.7	5.6
1970	72.4	46.3	22.4	12.5	5.2
1975	83.3	53.8	12.1	6.7	4.6

资料来源：大岛清. 日本经济总论：4. 东京大学出版会，1978：52.

---

① 伊藤正则. 日本经济的腾飞经验与借鉴（中译本）［M］. 北京：中国计划出版社，1991.

② 佐贯利雄. 日本经济的结构分析（中译本）［M］. 沈阳：辽宁人民出版社，1987.

日本实行"出口导向"型发展战略，使自身成为一个产成品出口国的同时，因为内部资源严重匮乏，又使其成为一个重要的原材料进口国。1961～1977 年，日本对能源的进口依赖率从 47.9% 上升到 90.9%[①]。到 1977 年时，日本所需要的棉花、羊毛、天然橡胶、磷矿石、镍矿石、铁钒土完全依赖于进口，原油 99.8% 依赖进口，铁矿石 99.6% 依赖进口，铜矿石 97.5% 依赖进口，煤炭 76.2% 依赖进口[②]。但日本非常注意资源的使用效率，将其进口的增长幅度控制在低于出口增长幅度以内，以防止"出口导向"利益被抵消。从表 5－14 中可以看出，在日本的进口商品中，原料与燃料占绝大部分的比重，制成品的进口比重微乎其微。原料的进口比重在逐渐下降，由 1955 年的51.1%下降到 1975 年的 20.2%。燃料的比重在 1970 年以前上涨幅度不算太大，但第一次石油危机以后，由于国际原油价格猛增，以价值计量的石油进口比重由 1970 年的 11.8% 剧增至 1975 年的 33.9%，石油是当今工业经济几乎无法替代的能源，替代弹性非常小，因此，整个燃料的进口比重也立即由20.7%上涨至 44.3%，整整翻了一倍。

表 5－14　　　　　　　　　　　战后日本进口商品结构　　　　　　　　　　单位:%

年份	食品	原料	燃料	（石油）	加工品
1955	24.8	51.1	11.7	6.0	12.4
1960	12.2	49.1	16.5	10.4	22.2
1965	18.0	39.4	19.9	11.4	22.7
1970	13.6	35.4	20.7	11.8	30.3
1975	15.2	20.2	44.3	33.9	20.3

资料来源：大岛清. 日本经济总论：4. 东京大学出版会，1978：57。

四、日本的"出口导向"与产业结构升级

"出口导向"政策的实施，扩大了日本产品的市场规模，市场规模的扩大，保证了日本企业的盈利能力，从而诱导日本的产业结构不断升级。对此，

---

① 日本矢野恒太纪念会. 日本 100 年（中译本）[M]. 北京：时事出版社，1984.
② 日本经济企划厅. 経済要覧 [Z]. 东京，1979.

我们可以从观察战后日本的经济增长率入手，分析经济增长的产业结构比率变化和制造业行业比率的变化。

1950～1973 年的 20 多年间，日本的 GDP 增长率在当时西方主要经济强国中是最高的，当时英国的年均增长率为 2.96%，美国为 3.92%，法国为 5.02%，德国为 5.99%，而日本竟高达 9.25%①。日本的经济增长率之所以在世界大国中处于领先地位，这与当时日本的发展水平相对较低有关。根据格雷克隆提出的相对后进性假说，在初期阶段的经济发展水平越低，其后来的经济增长率可能越高。因为经济发展水平较低就意味着该国的技术水平落后，从而从其他国家引进技术的可能性就大。"二战"后初期日本的相对后进性可以从表 5 – 15 中反映出来。首先是人均 GDP，1950 年，日本的人均 GDP只相当于美国的 19.6%、英国的 27.4%、法国的 35.9%、联邦德国的43.8%。其次是工业水平，1958 年，日本、联邦德国、法国和英国的工业水平均未达到美国的 1/4。其中，日本的水平最低，只相当于美国的 15.6%。

表 5 – 15　　　　　　　　　战后国际发展水平比较

国别	1950 年的人均 GDP（1990 盖 – 凯美元）	1958 年的工业水平（%）
日本	1 873	15.6
联邦德国	4 281	23.0
法国	5 221	21.2
英国	6 847	19.5
美国	9 573	100.0

　　资料来源：麦迪森.世界经济二百年回顾.中译本［M］.北京：改革出版社，1997：4～5；筱原三代平.产业结构论［M］.东京筑摩书房，1979：238.

　　"二战"后日本经济在快速增长的过程中，制造业的发展对其贡献最大，这从日本 GDP 的产业构成中表现出来，1955～1976 年，制造业在日本国内实际生产总值中所占的比重不断上涨，从 30.3% 上升到 51.5%；而服务业在国内实际生产总值中所占的比重却不断下降，从 51.6% 下降到 43.8%②。但是，在国际上，这段时期正是制造业的发展相对萎缩而服务业的发展相对扩张的

---

　　① 麦迪森.世界经济二百年回顾（中译本）［M］.北京：改革出版社，1977.
　　② 南亮进.日本的经济发展［M］.东洋经济新报社，1982.

时期。1960 年，发达国家的工业及建筑业占 GDP 的比重为 40%；第三产业占 GDP 的比重为 54%。到 1981 年，发达国家工业及建筑业占 GDP 的比重进一步下降到 36%，而第三产业的比重则跃至 61%[①]。通过上述对照，足见日本制造业发展之迅猛。

在制造业内部，产业结构发生了根本性的变化。1951~1970 年，日本的轻纺工业（包括食品、纺织品、木制品及纸张、印刷和出版）在工业产值中的构成比例呈萎缩趋势，由 52% 左右下降到 30% 左右。尤其是纺织品从 29.2% 下降到 7.87%，下降幅度非常大。纺织品曾经是"二战"前日本经济的支柱产业，遵循产品生命周期理论的一般规律和当时国际产业结构调整的总体趋势，日本逐步放弃了这类产品的生产。相反，重化学工业（包括化学制品、石油制品、煤炭制品、烧制业土石制品、钢铁、金属制品及机械制品）的构成比例，从 48% 左右上升至 70% 左右。尤其是各类机械产品的比例由 11% 大幅度激增至 32%[②]。由此可见，"二战"后日本的重工业化是以机械工业为中心展开的。

从以上分析可知，"二战"后日本的快速经济增长在很大程度上依赖于制造工业，而制造工业的发展又主要依赖于重化工业。重化工业产品的市场情况又如何呢？在重化工业产品中，如小汽车、电视机、照相机、纺织机械、汽车轮胎、人造丝织品、合成纤维制品，都依赖于国外市场而取得了迅速发展。以汽车为例，1955 年日本的汽车产量只相当于美国的 0.74%、英国的 5.57%、联邦德国的 7.59%、法国的 9.57%、意大利的 25.64%。到 1975 年，日本的汽车产量已经是美国的 4.17 倍、联邦德国的 2.17 倍、法国的 2.08 倍、意大利的 4.76 倍[③]。汽车已经成为日本经济最大的支柱产业，如果考虑其对前后项关联产业的乘数效用，汽车产业对经济发展的作用就更大。

五、历史的启示

根据静态比较优势原理为基础的传统国际贸易理论，日本在早期只能选

---

① 国家统计局国际统计信息中心. 世界主要国家和地区社会发展比较统计资料（1990）[M]. 北京：中国统计出版社，1991.

② 日本中央大学经济研究所. 战后日本经济（中译本）[M]. 北京：中国社会科学出版社，1985.

③ 佐贯利雄. 现代都市论 [M]. 北京：学习研究社，1975.

择发展劳动力密集型产业的道路，如纺织、服装、杂货等轻工业。但是静态的比较优势原理忽视了未来若干年后比较优势和比较劣势可能发生的变化。因此，日本政府和学者认为比较优势是分工的基础但并不是选择分工的依据，为了避免陷入"比较优势陷阱"，日本将出口产业的扶植对象确定为汽车、钢铁以及后来的微电子等附加值高的产业。这类产业的产品属于高度资本技术密集型的产品，当时日本此类产品的国际比价相当高。从直观的角度看，扶植这类资本技术密集型产业被认为是极端不合理的。但是，其本质上的合理性却符合日本政府当时选择的战略性出口产业的具体标准，即"收入弹性标准"和"比较技术进步率标准"。"收入弹性标准"是用某种产品的世界需求的增加率与全世界实际收入的增加率之比来计算的。其数值越大，说明其需求弹性越大，出口获利的市场潜力越大。"比较技术进步率标准"则是选择那些即使生产成本虽暂时偏高，但其技术推动力大，技术进步率相对较高，从而对整个经济的增长和工业结构升级的带动作用也就较强的产业。以"收入弹性标准"为例，日本学者名岛太郎计算了1958~1963年日本各产业部门的收入弹性值，钢铁、机械、石油及石化产品的收入弹性值为1.6~2.2；纺织、木材、食品的收入弹性值为0.5~0.8；重化工业的收入弹性值大大高于轻纺工业的收入弹性值[①]。这就不难理解为什么日本政府把"出口导向"的产业选择定位在重化工业方面。

　　高级别的"出口导向"产业选择标准，迅速带动了国内产业结构的相应升级。正常情况下，一个国家的产业结构实际上是其生产要素禀赋及其利用方式的综合反映，对外贸易结构只不过是产业结构在空间范围上的扩展。两者是同源的，应该是高度正相关的。产业结构与对外贸易结构之间是一个"原像"与"镜像"的关系，产业结构是本体，对外贸易结构只不过是镜子里面产业结构所反映的影像。20世纪50~70年代日本实施"出口导向"型的经济发展战略时期，产业结构与对外贸易结构保持了这样一种"原像"与"镜像"的互动关系。而目前我国的对外贸易结构与产业结构是背离的，对外贸易结构比产业结构要高级得多，根本原因在于当前我国加工贸易出口已经占出口总量的1/2以上，这类两头在外的加工贸易实质上是一种劳动力生产要素贸易，与劳务输出没有任何区别。中国的加工贸易已经被锁死在"比较优势陷阱"里了，产业链条无法迅速向国内延伸。市场的扩大只带来了中国

---

① 名岛太郎. 日本産業讀本［M］. 东京"有斐阁"，1955.

贸易结构的表面进步，却无助于中国产业结构的实质提升，它本身的脆弱性经不起国际经济秩序动荡的冲击，更无法使中国经济摆脱对外需的饥渴性依赖，无法形成一个完善的以内部需求为支撑的经济体系。

第六章

历史镜鉴：中国近代贸易专题

第一节　近代中国的贸易条件：一般趋势及其与农产品贸易的关系

近代中国的综合贸易条件指数整体呈下降趋势，说明中国在对外进行商品交换过程中的相对经济利益是不断下降的。贸易条件的变动受汇率和国际价格水平的影响非常小，与国内价格水平也无明显关系。贸易条件的变动主要是由贸易结构的变化引起的，茶叶和生丝等农产品贸易的衰弱是造成贸易条件下降的主要原因。

贸易条件指数是国际经济关系中衡量相对贸易利益变动趋势的一个重要指标。贸易条件由出口价格与进口价格之比表示，相应地，贸易条件指数由出口价格指数与进口价格指数之比表示。

如果贸易条件指数增加，意味着该时期的贸易条件比基期的贸易条件更加有利，因为出口价格的相对上涨，使一定数量出口商品可以换回更多的进口商品；反之，如果贸易条件指数下降，意味着该时期的贸易条件比基期的贸易条件出现恶化，因为进口价格的相对上涨，使一定数量出口商品可以换回的进口商品减少了。

长期以来，关于近代中国对外经济关系中的不等价交换问题的研究只停留在定性的描述上，缺乏严谨的量化分析。我们将在对中国近代时期的贸易条件趋势进行计量分析的基础上，探究影响贸易条件变动的根本原因。因为这时期中国的主要出口商品是农产品，因此我们还将分析贸易条件变动与农产品贸易衰弱之间的内在关系。

一、贸易条件的一般趋势与国际比较

我们使用南开进出口物价指数计算近代中国的贸易条件指数，之所以使用这套进出口物价指数，原因有二。第一，这套指数时限较长，1867～1936年，基本可以涵盖中国近代时期的全过程[①]。第二，其他如美国经济学家侯寄明（Chi-ming Hou）等编制的进出口物价指数，基本都是对南开指数的简略修正[②]，不影响南开指数所能得出的一般结论。

这个一般结论就是，中国近代时期的综合贸易条件的基本趋势是呈波动性下降的，如图6－1至图6－4中所示。从19世纪60年代开始，中国的贸易条件曾短暂上升，但很快就显疲态，并一直在下降通道中滑行，其间虽几经反弹，但一顶比一顶低，总体不改颓势。

由于中国近代时期主要出口原材料、食物、初级产品，而进口工业制成品，因此研究中国的贸易条件还必须与世界范围内原材料、食物、初级产品对工业制成品的贸易条件进行比较。图6－1中世界贸易的原材料、食物、初级产品对工业制成品的贸易条件指数[③]和中国的贸易条件指数都是以1913年

---

① 1930年，南开大学社会经济研究委员会以单行本形式出版了何廉所著《中国六十年进出口物量指数、物价指数及物物交易率指数（1867—1927）》。1932年3月，何廉在《经济统计季刊》第1卷第1期上发表《中国进出口物量指数物价指数与物物交换率指数编制之说明（1867—1930）》，续编了1928－1930年数字。1936年，《南开指数年刊1935》刊出了《中国进出口物量物价与物物交易率指数（1867—1935）》。1937年，《南开指数年刊1936》再次刊出了《中国进出口物量物价与物物交易率指数（1867—1936）》，并对原指数中1926年以后部分进行了修正。

② Chi-ming Hou. *Foreign Investment and Economic Development in China*, 1840－1937. Cambridge, Mass：Harvard University Press, 1965。1905年开始，中国海关统计开始采用离岸价格（F. O. B）和起岸价格（C. I. F），因而统计更趋精确，侯寄明采用倒退法修订了南开进出口物价指数1904年以前部分。

③ W. Arthur Lewis. "World Production, Price and Trade 1870－1960", Mark Gersovitz. *Selected Economic Writtings of W. Arthur Lewis*, New York：New York University Press, 1983：117～118。该资料第一次世界大战部分年份的数据缺失。

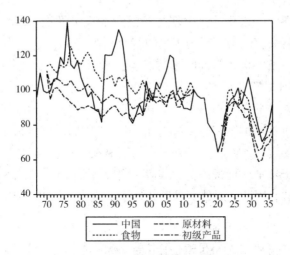

图 6 - 1　中国和世界贸易条件比较

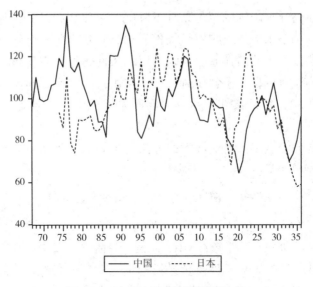

图 6 - 2　中国和日本贸易条件比较

为基期的。通过观察，19 世纪 70 年代～20 世纪 30 年代，世界原材料、食物、初级产品对工业制成品的贸易条件指数与中国的贸易条件指数具有惊人的一致性，都呈缓慢的下降趋势。第一次世界大战前，中国贸易条件指数波动略大，第一次世界大战后，两者彼此高度一致。这种一致说明，中国近代时期用农产品与国际工业产品进行交易所获得的利益与世界同类贸易的利益水平相当，中国没有在此过程中获得比国际平均水平更大的贸易利益，也没有在此过程中丧失超过国际平均水平的贸易利益。

中国的贸易条件指数与同时期的日本比较又如何呢？之所以要与日本比较，是因为中国和日本在19世纪60～70年代处于基本相同的经济起点上，两国的经济结构也相似。图6－2是中日两国以1913年为基期的贸易条件指数[1]，可见两者的变动趋势是不同的。早期，中国的对外贸易条件明显优于日本，其后中国的贸易条件在下降，日本的贸易条件在上升，20世纪90年代以后中国总体逊于日本。这是因为日本明治维新后国内工业化水平提高，改善了对外贸易结构，因此，对外贸易利益优于一直出口农产品的中国。

二、贸易条件影响因素的计量分析

是什么原因导致中国的贸易条件下降呢？一般认为，汇率水平、国内价格水平和国际价格水平是影响贸易条件变化的外在原因，对外贸易结构变动是影响贸易条件变化的内在原因。因为贸易条件的外在表现形式为一国与贸易对象之间的相对价格水平，相对价格水平由汇率水平、国内价格水平和国际价格水平决定；贸易条件表达的内涵则是一国对外贸易产品内在的结构特性。

因此，我们在运用计量经济学的方法对中国的贸易条件进行时，拟构造的经济计量模型如下：

$$\ln T = C + \alpha \ln R + \beta \ln Pn + \gamma \ln Pw + \delta AR(1)$$

其中，T、R、Pn、Pw分别表示中国对外贸易条件指数、汇率指数、国内价格水平指数、国际价格水平指数；AR(1)表示一阶自回归项，它测定贸易条件的动态递延性，反映贸易条件受贸易结构本身变动的影响；C为常数项，它反映模型中未能穷尽的其他因素对贸易条件的影响；α、β、γ、δ为待估参数，分别表示R、Pn、Pw、AR(1)对贸易条件的影响程度。

关于汇率因素。实际汇率的测算需要对一揽子外币的汇率进行加权平均处理，计算殊为繁杂。近代中国（1935年法币实行以前）实行银本位制度，汇率问题实际上是国际银价问题，国际银价即间接标注法的中国汇率。郑友

---

① 台湾地区"行政院"经济建设委员会经济研究处. 日本对外贸易. 1988：178～179.

揆先生编制过 1890~1936 年中国的汇率指数（外币选美元）和国外银价指数①，两套指数几乎完全吻合，略有差异的原因在于近代中国对外贸易计价单位即"海关两"平价变化所致。因此我们用国际银价指数代替中国汇率指数，国际银价指数间接来源自美国纽约市场的白银价格，其中，1867~1889 年部分使用吴大业的计算结果②，1890~1936 年部分使用郑友揆的计算结果，吴大业的计算以 1867~1871 年为基期，郑友揆的计算以 1926 年为基期，本书重新换算成以 1913 年为基期。

关于国内价格水平。这是从中国出口产品的国内生产成本方面考虑的，出口产品的生产成本影响出口产品的价格。因为无法取得出口产品生产成本的详尽统计数据，我们用国内批发物价水平近似替代。国内批发物价指数取自王玉茹的整理③。

关于国际价格水平。这是从中国进口产品的国外生产成本方面考虑的，进口产品的生产成本影响进口产品的价格。同样因为无法取得进口产品生产成本的详尽统计数据，我们也用国外批发物价水平近似替代。国外批发物价指数取自米切尔编纂的权威性的国际经济统计资料。其中近代中国在早期的主要贸易对象是英国，后期的主要贸易对象是美国，因此，1913 年之前选取英国的批发物价资料④，1913 年之后选取美国的批发物价资料⑤，美国的资料以 1910~1914 年为基期，我们统一调整为以 1913 年为基期。

在进行计量经济分析时，先对时间序列变量进行平稳性检验，我们对经过我们整理后的中国对外贸易条件指数、国际银价指数、国内批发物价指数、国际批发物价指数的对数形式进行单位根形式的平稳性检验，检验结果见表 6-1。

① 郑友揆. 中国的对外贸易和工业发展（1840—1948）——史实的综合分析 [M]. 上海：上海社会科学出版社，1984：附录。

② 吴大业. 百年来金银价变动之原因及其影响 [J]. 经济统计季刊（第一卷第一期），1932（3）.

③ 王玉茹. 近代中国价格结构研究 [M]. 西安：陕西人民出版社，1997（23）.

④ 米切尔. 帕尔格雷夫世界历史统计：欧洲卷 1750—1993（中译本）[M]. 北京：经济科学出版社，2002：904~906.

⑤ 米切尔. 帕尔格雷夫世界历史统计：美洲卷 1750—1993（中译本）[M]. 北京：经济科学出版社，2002：716~717.

表 6 – 1   时间序列数据的单位根检验结果

变量名	方程形式	DW 值	ADF 检验值	临界值	结论
lnT	(C, T, 2)	2.11	-4.4146	-4.0990 *	平稳
lnR	(C, T, 2)	1.92	-2.8261	-3.1657 **	非平稳
D lnR	(0, 0, 2)	2.00	-6.0097	-2.5978 *	平稳
lnPn	(C, T, 2)	1.98	-3.1645	-3.1657 **	非平稳
D lnPn	(0, 0, 2)	1.91	-4.5345	-2.5978 *	平稳
lnPw	(C, 0, 2)	2.02	-2.0199	-2.5892 **	非平稳
D lnPw	(C, 0, 2)	2.00	-5.0934	-2.5973 *	平稳

说明：（1）lnT 为中国对外贸易条件指数的对数，lnR 为国际银价指数的对数，lnPn 为国内批发物价指数的对数，lnPw 为国际批发物价指数的对数；D 表示一阶差分。

（2）* 表示 1% 显著性水平下的临界值；** 表示 10% 显著性水平下临界值。

表 6 – 1 中的检验结果显示，被解释变量中国对外贸易条件指数是平稳序列，解释变量国际银价指数、国内批发物价指数、国际批发物价指数是非平稳序列，但国际银价指数、国内批发物价指数、国际批发物价指数的一阶差分序列都是平稳序列。

通过对时间序列进行回归估计，结果如下：

$$lnT = 4.35 + 0.28lnR + 0.15lnPn - 0.38lnPw + 0.70AR（1）$$
$$(4.53)(1.90) \quad (0.80) \quad (-1.99) \quad (7.55)$$

$$\bar{R}^2 = 0.63 \quad F = 29.48 \quad DW = 1.70$$

其中，lnPn 项的 t 统计量不显著，即国内批发物价指数的变化对解释贸易条件指数的变动无效，舍弃该项重新进行回归估计，结果如下：

$$lnT = 4.97 + 0.18lnR - 0.27lnPw + 0.69AR（1）$$
$$(8.91)(2.21) \quad (-2.08) \quad (7.80)$$
$$R^2 = 0.63 \quad F = 39.26 \quad DW = 1.69$$

为了验证该回归方程的估计效果，需要对该回归方程的残差项进行单位根检验，结果如表 6 – 2 所示。

表6-2　　　　　　　　　　残差项的单位根检验结果

变量名	方程形式	DW 值	ADF 检验值	ADF 临界值	AEG 临界值	结论
RESID	(0, 0, 2)	1.9972	-4.6933	-2.5978 *	-4.45	平稳

说明：（1）RESID 表示残差项。

（2）＊表示1%显著性水平下的临界值。

表6-2显示，回归方程的残差项是平稳的，即回归方程的各变量之间存在协整关系，回归方程不存在伪回归。国际银价指数、国际批发物价指数的变动能够解释中国对外贸易条件指数的变化。

国际银价指数每变动1个百分点，中国对外贸易条件指数同方向变动0.18个百分点。因为国际银价上升，意味着中国的本币升值，则中国出口商品在国外用外币标价时的价格上升，外国进口商品在国内用白银标价时的价格下降，按照贸易条件的一般理论表达式，中国对外贸易条件同步提高。反之，国际银价下降，中国对外贸易条件则同步降落。

国际批发物价指数每变动1个百分点，中国对外贸易条件指数反方向变动0.27个百分点。因为国际价格水平上升，国外商品进入中国的价格自然提高，按照贸易条件的一般理论表达式，中国进口商品价格上升必然导致中国对外贸易条件的下降。反之，国际价格水平下降，中国对外贸易条件逆向上扬。

国际银价指数和国际批发物价指数影响中国对外贸易条件指数的程度都是不高的，回归方程中两者的估计系数都较小，远低于一阶自回归项。近代中国的贸易条件变动不能由国际银价水平和国际批发物价水平充分解释，总体下降的趋势具有内在的动态递延性。

也就是说，近代中国的贸易条件变动不仅与国内价格水平无明显关系，受汇率和国际价格水平的影响也非常小，而是主要是由对外贸易结构变动的内在因素所决定。

对此，我们将贸易条件指数与物量交易指数相对照。物量交易指数即出口物量指数与进口物量指数之比，也就是南开物物交换率指数中总交易率指数的倒数①。图6-3中的中国贸易条件指数和物量交易指数显示，两者在19

---

① 南开大学经济研究所．中国进出口物量物价与物物交易率指数（1867—1936）//南开指数年刊，1936，1937．

世纪 80 年代中期以后除 20 世纪初个别年份外都极其吻合，说明中国近代时期出口价格对进口价格的变化与出口数量对进口数量的相对变化几乎同步变动。如果国际银价指数和国际批发物价指数极大地影响中国的对外贸易条件指数，则对外贸易数量指数的相对变化必然与贸易条件指数相背离。

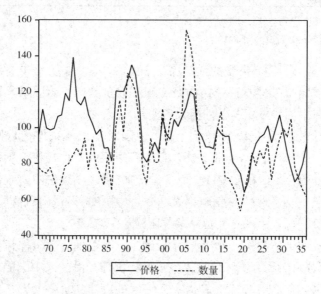

图 6 - 3　贸易条件指数和物量交易指数

三、贸易条件衰弱的内在原因

贸易条件指数的降低实际上反映了近代中国对外贸易竞争能力的下降，其根本原因在于中国丝茶贸易不可避免的衰弱。早在鸦片战争前夕，中国对外贸易处于强出超地位，使虽经历工业革命的英国所不能敌。中国对外贸易之所以具有强劲的竞争能力，重要原因在于中国的茶叶和生丝拥有当时世界无所匹敌的竞争优势。1868 年时，中国出口商品中仅茶叶一项就占出口总比重的 53.8%，继之生丝及丝织品占 39.7%，两项合计达到 93.5%。此后，到 1913 年，中国出口商品中，生丝及丝织品的比重为 25.3%，茶叶为 8.4%，其他的大宗项目豆类及豆饼占 12.0%，籽仁及油占 7.8%。1931 年，中国出口商品更行分散，只能以东北地区盛产的豆类维持局面，豆类及豆饼占总比重的 21.4%，其他如丝及丝织品占 13.3%，籽仁及油占 8.4%，茶叶仅占 3.6%[①]。

虽然茶叶和生丝出口比重日渐萎缩，但从中国近代时期整个阶段来看，茶叶和生丝是中国最重要的出口产品，中国对外贸易条件的衰弱必然会从茶叶和生丝的对外贸易条件中反映出来。为了验证这个假设，我们编制了中国茶叶和生丝的贸易条件指数。

茶叶和生丝贸易条件指数的编制殊为复杂。茶叶的贸易条件指数由茶叶的出口价格指数与中国的综合进口价格指数之比得出，它反映了中国出口茶叶换取进口产品的利益变动趋势。中国的综合进口价格指数仍选南开指数，出口价格指数由本书作者计算。出口价格指数的计算方法是由每年的出口值和出口量得出每年的单位价格，依此以 1913 年为基期计算出中国近代时期茶叶的贸易条件指数。需要说明的是，1928 年以前的原始数据摘录于杨端六、侯厚培的整理资料[②]，1929 年之后的原始数据摘录于南开大学图书馆馆藏的近代中国《海关贸易报告》。其中，1932 年以后《海关贸易报告》计值由"海关两"改用"关金"，我们按照当年《海关贸易报告》提示的"1 关金 = 1.184 海关两"对 1932 年以后的数据予以折算；1934 年以后《海关贸易报告》对茶叶的计量由"担"改用"公担"，我们按照当年《海关贸易报告》提示的"1 公担 = 1.654 担"对 1934 年以后的数据予以折算。生丝的贸易条件指数内涵与编制方法与茶叶同，但 1934 年以后《海关贸易报告》对生丝的计量由"担"改用"公斤"，我们按照当年《海关贸易报告》提示的"1 担 = 60.5 公斤"对 1934 年以后的数据予以折算。

我们把中国近代时期的贸易条件指数与同期茶叶和生丝的贸易条件指数同时置于图 6 - 4，可见三者存在明显的同步变动趋势，茶叶和生丝对外贸易条件的疲弱拖累了中国对外贸易条件的整体下行。伴随着贸易条件的下降，中国的茶叶和生丝的国际市场占有率皆显颓势。19 世纪 60 年代，中国茶叶外销量占据着世界茶叶出口的 90% 以上。此后，中国茶叶的国际市场占有率不断收缩，19 世纪 90 年代，只有 30% 多一点。到 1920 年，锐减为 6.2%[③]。中

---

① 郑友揆. 中国的对外贸易和工业发展（1840—1948）——史实的综合分析 [M]. 上海：上海社会科学出版社，1984：23～43.

② 杨端六，侯厚培. 六十五年来中国国际贸易统计 [M]. 国立中央研究院社会科学研究所，1931.

③ 乌克斯. 茶叶全书（中译本）[M]. 上海：上海开明书店，1949：119.

国生丝在世界生丝出口总量中的比重 1880 年为 74.9%[1]，1915 年下降为 39.5%，1935 年则只有 9.0% 了[2]。

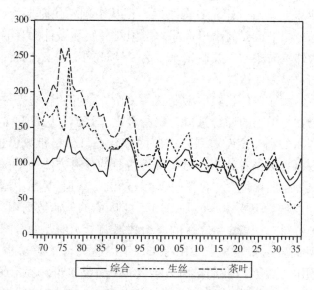

图 6-4　综合、茶叶、生丝的贸易条件指数

那么，茶叶和生丝的对外贸易为什么日渐衰弱呢？国际竞争加剧和生产技术水平落后是两大主要因素。我们下面分别予以探讨。

第一，国际竞争加剧。

中国茶叶首先在英国市场上受到排斥。东印度公司多次派人到中国收集茶籽，学习制茶技术，他们在殖民地印度从事庄园制的大规模生产经营，使用机器焙制。19 世纪 60 年代，"印度茶之名竟噪于世"[3]，但尚未能与中国相敌。70 年代，印度茶及随后的锡兰茶与华茶的竞争逐渐加剧，尽管英国的茶叶输入量不断增加，但华茶输英的数量已经不再增长，全部增加数为印度所独占。进入 20 世纪，华茶在英国市场上遇到了更大的困难，第一次世界大战时，英国禁止进口非英属殖民地所产的茶叶，战后的 1919 年又对英属殖民地采取优惠政策，规定凡英帝国所产的茶叶每磅减税

①　朱斯煌. 民国经济史 [M]. 银行学会，1948：310.
②　1943 年 3 月《贸易月刊》附录。
③　姚贤镐. 中国近代对外贸易史资料（1840—1895）[M]. 北京：中华书局，1962：1186.

2 便士①。因此，从 20 世纪 20 年代以后，中国茶叶在英国市场上已经处于陪衬地位。

从 19 世纪 80 年代开始，中国茶叶在英国市场上受到印度茶和锡兰茶的挑战时，在美国这另一个重要市场上则受到了日本茶的激烈竞争。60 年代，中国茶占据了美国市场的 90% 以上，而到了 80 年代就只占 1/2 了，另外 1/2 让位于日本。此后华茶日衰，日茶日盛。第一次世界大战前夕，印度、锡兰茶叶又挟强劲之势，挺入美国市场，日茶亦衰，而中国茶叶更是处于微不足道的地位②。

当 19 世纪 70 ~ 80 年代中国茶叶在英国市场上一落千丈的时候，中国砖茶在俄国的销售却兴旺起来。90 年代俄国成为中国茶叶的主要海外市场，1894 年中国茶叶外销中，输俄占 43.0%，远远超过输英的 15.9% 和输美的 20.8%。1917 年俄国的"十月革命"爆发，使中国茶叶销俄量锐减，1923 年只占中国出口茶叶总值的 1.5%，几近绝迹。1925 年苏联设立了协助会，实行茶叶的统一经营，华茶贸易得以恢复，但数量已大不如前③。

生丝出口早期与茶叶相比不能望其项背。19 世纪 70 ~ 80 年代随着茶叶出口相对地位的下降，生丝出口的地位逐渐突出，并于 1887 年正式取代茶叶而成为中国出口商品之大宗。生丝出口前期主要以土丝为主，后期则主要以厂丝为主。

欧洲是中国早期最大的生丝出口市场。19 世纪 60 年代，几乎所有出口的华丝都先运至伦敦，然后再由伦敦分销于英、法、意等国，以法国销量最大。60 年代以后，随着世界航运业的发展，法国、意大利等国逐渐直接从中国进口生丝，摆脱由英国居间分转。19 世纪后半期美国逐渐成为世界生丝的主要消费市场，因此第一次世界大战以后中国对美生丝出口逐渐增多。另外，印度也是中国生丝（主要是黄土丝）的主要出口市场。

中国生丝在国际市场上面临的挑战对手，主要是日本生丝。两者于 19 世纪末在美国市场上展开了较量。80 年代日本生丝的输美数量就已经超过了中国生丝。到 1913 年，华丝输美只占美国生丝进口的 21%，而日丝输美已占美国生丝进口的 67%④。第一次世界大战后，日本生丝输美所占的比重进一步

---

① 乌克斯. 茶叶全书（中译本）[M]. 上海：上海开明书店，1949：60.
② 1941 年 2 月《贸易月刊》附录.
③ 上海社会科学院经济研究所. 上海对外贸易 [M]. 上海：上海社会科学院出版社，1989：249.
④ 上海社会科学院经济研究所. 上海对外贸易 [M]. 上海：上海社会科学院出版社，1989：270.

扩大，到 20 世纪 30 年代美国生丝消费的 90% 以上来自日本，而中国生丝的比重则江河日下①。

在另一个主要生丝消费市场法国，因法国政府 1931 年以前一直对日丝采取人为的限制政策，日本生丝无法夺取市场，中国生丝得以维持领先地位。但法国市场与美国市场相比要小得多，不能从根本上改变中国生丝在国际市场上的衰弱地位。

生丝出口在受到了日丝的排挤外，还经受着其代用品人造丝的压力。人造丝于 1889 年研制成功，1896 年开始实行工厂化生产，1925 年以后获得了广泛的使用。在美国，原来许多使用蚕丝为原料的产品越来越多地改用人造丝代替，1920 年蚕丝和人造丝使用量的比率为 3：1，到 1933 年时这个比例正好颠倒了过来②。

第二，生产技术水平落后。

华茶生产是散户生产，这种生产方式与印度、锡兰的庄园制生产方式相比，生产效率自然不能相提并论，20 世纪 30 年代的茶叶专家指出了这种散户生产方式生产和经营上的"不合理现象"：在栽培上，区域散漫、园地零落、品种杂乱、茶树衰老、株丛粗大、虫病流行；在采摘上，摘期失中、次数不清、留蓄不当；在制造上，设备不全、生叶失调、揉捻不中、干燥不足、包装不善、经营太小、毛茶久置、手续太繁、分类太旧、折耗太大、过火太多；最终的结果是，名目特繁、优劣悬殊③。

庄园制的生产方式采用从种植到销售的"一条龙"过程，而我国茶叶从生产到输出至少要经过五道环节，这五道环节是：茶贩子、茶客、茶号、茶栈、洋行④。上海洋行按伦敦市场茶价压低 10% 左右作为开盘价（"吃价"），向茶栈收茶；茶栈向茶产区茶号进茶，也采用吃价、吃磅、加息等方法；茶号再向茶客、茶行、茶贩子收茶，层层吃价、吃磅尤其花样繁多。流通环节过多自然使茶叶生产的散户获利减少，也就对上述种种"不合理现象"的改良缺乏动力。

生丝贸易在短暂繁荣后遭遇日丝围剿。与日丝相比，中国生丝的国际竞争力不断衰弱的原因存在于原料和制造两个方面。从原料来看，蚕虫的饲料

① 钱天达. 中国蚕丝问题 [M]. 上海：黎明书局，1936：77.
② 钱天达. 中国蚕丝问题 [M]. 上海：黎明书局，1936：89～90.
③ 吴觉农，胡浩川. 中国茶叶复兴计划 [M]. 北京：商务印书馆，1935：110～132.
④ 吴承明. 中国的资本主义与国内市场 [M]. 北京：中国社会科学出版社，1985：286～287.

即蚕叶粗劣，蚕种不纯，饲养设备散乱简陋等严重影响了蚕茧的质量。从制造方面看，丝厂生产资本不足，生产规模狭小，机械设备陈旧，缫制方法粗糙，乃至缫丝工厂草率生产又使缫丝的质量大受损失。"中国缫丝方法各处不同，上海一隅，恒用鲜茧缫丝，以期色泽洁白，每于收茧之后，赶在蚕蛹未蜕化之先从事缫制，无如事多工少，且蚕蛹变化仅有数日，稍为延迟，即有破茧之虞，因之每届茧讯，劳工常感缺乏，势必不得不以少数工人，缫制多量蚕茧，事工既甚迫切，进行未免草率，乃至所产生丝，条纹不匀，色泽污浊"①。这样，销往欧洲的生丝，在抵达英国或法国后，于织成丝织品之前还要再缫一次，并分成小束，这就不能不压低了生丝出口的价格；销往美国的生丝，因美国劳动力成本较高，因此输美离沪前必须重缫，这就增加了出口生丝的生产成本。而日本出口的生丝因机械化程度高，且用工较细，再加上推销较为得法，则没有中国生丝这些麻烦。

第二节　近代中国对外贸易与工业"进口替代"

> "进口替代"是一种"从经济上的独立自主的目的出发，减少或完全消除某种产品的进口，国内市场完全由本国生产者供应的政策"。近代中国工业"进口替代"过程在对外贸易结构方面获得了清晰的反映。近代中国工业"进口替代"具有以下三个特点：被动性向主动性的转化，局部性向总体性的扩延，初级化向高级化的进展。

一、"进口替代"新解

"进口替代"是西方发展经济学的一个重要概念。根据罗志如等人的解释，它是一种"从经济上的独立自主的目的出发，减少或完全消除某种产品

---

① 上海社会科学院经济研究所.上海对外贸易［M］.上海：上海社会科学院出版社，1989：57.

的进口，国内市场完全由本国生产者供应的政策"①。几乎所有的发展经济学文献都强调它是一种发展政策。

在发展中国家实行工业化的过程中，其初始阶段由于生产技术落后，劳动力素质低下，生产规模狭小，从而单位产品上的平均生产成本远远高于从国外进口的同类产品的成本，形成国内市场几乎完全被进口商品垄断的局面。为了保护国内幼稚工业的发展，必须由政府对其提供适当的贸易保护，以抵御进口产品的入侵。

关于"进口替代"政策及措施，经济学家对此褒贬不一。有的认为："进口替代"的广泛影响是把整个经济弄得变形了，失真了，拉丁美洲许多国家在 20 世纪 50 年代率先实行"进口替代"政策，"进口替代"在这些国家无一例外都失败了。也有的认为，"进口替代"在拉丁美洲许多国家的失败，并不应由"进口替代"本身负责，而是与之相随的其他政策不当造成的，在 20 世纪 60 年代，"进口替代"在东亚就不乏成功的例子。

20 世纪末，有些经济学家对"进口替代"有了新的认识和解释，著名旅美华人经济学家，南开大学国际经济研究所前所长杨叔进先生认为："进口替代是一种自然过程"②。本书作者同意杨叔进先生的说法，并且认为，这个"自然的过程"是后起国家工业化所必需的、不可或缺的。把"进口替代"仅仅理解为一种政策，未免过于狭窄。后起国家工业化起步时的经济背景几乎都是在外国工业制成品的进口压力及其示范作用的双重条件下进行的，摆脱外国工业制成品进口压力的唯一方式就是改由国内自行生产制造，既为"进口替代"。本书下面尝试用比较利益的理论方法对此加以说明。

后起国家进行"进口替代"是比较利益的结果。比较利益学说本来是古典经济学家大卫·李嘉图用来揭示国际贸易发生原因的，我们可以用这个"逻辑结构"来说明"进口替代"发生的原因。

就一个国家来说，对某种工业产品的消费不外乎有两种获得途径。一是依靠进口，即"贸易获得"途径；二是自行生产，即"生产获得"途径（也就是"进口替代"途径）。

关于后起国家的"贸易获得"途径。20 世纪 50 年代阿根廷经济学家普雷维什和德国经济学家辛格分别提出了他们的主要论点，即著名的"普雷维

---

① 罗志如等. 当代西方经济学说 [M]. 北京：北京大学出版社，1989：369.
② 杨叔进. 经济发展的理论与策略 [M]. 南京：江苏人民出版社，1983：350.

什——辛格"命题。该命题认为，发展中国家与发达国家之间的经济关系所决定的，发展中国家出口初级产品、进口工业制成品的贸易条件，呈现出结构性的长期恶化的趋势。长期以来，发展中国家出口价格的上涨速度远远低于进口价格的上涨速度，发展中国家进口同样数量的工业制成品必须付出越来越多的初级产品与之相交换。随着贸易条件的恶化，其陷入"劣势"的程度会越来越深。

关于后起国家的"生产获得"途径。毫无疑问，后起国家在接触工业文明之初，其工业生产成本远远高于同类国外产品的生产成本。后起国家在工业制成品的国内生产方面同样处于劣势地位。既然后起国家就某工业产品而言，在"贸易获得"方面处于"劣势"；而后起国家又不愿意放弃该产品的消费，它们应该如何选择呢？一般地说，两者在"劣势"的程度上是有差别的。由于本国在生产某产品上的相对劣势较小，两害相权取其轻，本国必然集中生产要素向该产品的国内生产方面转移，而放弃从国外的进口，从而使该产品的"进口替代"成为可能。当然，本国在某产品的生产和进口方面的相对劣势孰大孰小，仍然需要从短期成本、长期成本、社会性成本等方面做具体分析。从"成本"的三个概念层次来看，短期成本条件是不可避免的暂时过程；社会性成本条件是应当引起警惕的现象，"进口替代"必须保持行业层次性和适度规模的特点，在"进口替代"是有意识的即作为政策进行时尤应如此；长期成本条件是"进口替代"获得成功最合理的条件。正是长期内后起国家生产某种产品的成本抵御进口该类产品的成本，才使该类产品的"进口替代"成为合理的理由。

以上是关于"进口替代"的一种新的理论解释，其理论要点是"进口替代"是一国工业化不可避免的一种自然过程，它可以在自觉的状态下作为政策进行，也可以在不自觉的状态下进行，只要生产时的利益所失低于进口时的利益所失，它的产生就是必然的。下面我们详细地分析近代中国的对外贸易与工业"进口替代"之间的关系。

二、工业"进口替代"在外贸结构上的反映（Ⅰ）

郑友揆先生根据历年《海关贸易报告》整理了 1913～1936 年中国的进出口商品结构变动情况，如表 6-3 和表 6-4 所示。

表 6－3　中国进口商品分类

单位：%

年份	总价值（1 000 关两）	棉制品	棉纱	棉花	粮食（米麦）	面粉	糖	烟叶	纸	液体燃料炼油	交通器材	化学品	钢铁及金属品	机械	其他
1913	570 163	19.3	12.7	0.5	3.3	1.8	6.4	2.9	1.3	4.5	0.8	5.6	5.3	1.4	34.2
1916	516 407	14.1	12.4	1.6	6.6	0.2	7.1	5.8	1.8	6.4	4.0	4.1	5.1	1.3	29.5
1920	762 250	21.8	10.6	2.4	0.8	0.3	5.2	4.7	1.9	7.5	2.6	6.4	8.3	3.2	24.3
1925	947 865	16.3	4.4	7.4	6.8	1.6	9.5	4.1	2.0	7.9	1.9	5.6	4.7	1.8	26.0
1928	1 195 969	14.2	1.6	5.7	5.7	2.6	8.3	5.1	2.4	6.6	2.3	7.5	5.4	1.8	30.8
1931	1 433 489	7.6	0.3	12.6	10.6	2.0	6.0	4.4	3.2	6.3	2.3	8.0	6.2	3.1	27.5
1936	604 329	1.5	0.2	3.8	4.1	0.5	2.2	1.8	4.1	8.3	5.6	10.8	13.2	6.4	37.5

资料来源：郑友揆. 中国的对外贸易和工业发展 [M]. 上海：上海社会科学院出版社，1984：41.

表 6－4　中国出口商品分类

单位：%

年份	总价值（1 000 关两）	丝及丝织品	茶叶	豆类豆饼	籽仁及油	蛋及蛋制品	皮及皮货	矿砂及金属	煤炭	棉纱和棉制品	棉花	其他
1913	403 306	25.3	8.4	12.0	7.8	1.4	6.0	3.3	1.6	0.6	4.0	29.6
1916	481 797	22.3	9.0	9.3	8.4	2.6	6.0	6.3	1.3	0.8	3.6	30.5
1920	541 631	18.6	1.6	13.0	9.1	4.0	4.3	3.2	2.3	1.4	1.7	40.8
1925	776 353	22.5	2.9	15.9	7.9	4.3	4.0	2.9	2.6	2.0	3.8	31.2
1928	991 355	18.4	3.7	20.5	5.8	4.4	5.4	2.1	2.9	3.8	3.4	29.6
1931	909 476	13.3	3.6	21.4	8.4	4.1	4.1	1.6	3.0	4.9	2.9	32.7
1936	452 979	7.8	4.3	1.3	18.7	5.9	5.7	7.7	1.6	3.0	4.0	40.0

资料来源：郑友揆. 中国的对外贸易和工业发展 [M]. 上海：上海社会科学院出版社，1984：43～44.

表6-3和表6-4中，与中国工业"进口替代"关系最密切的项目是棉制品、棉纱和棉花，在对此予以考察以前，我们先分析其他项目。

表6-3中，面粉、糖、烟叶等消费品进口量在1928年以前是不断增长的。西方的消费习惯向通商口岸广泛地渗透，居住在通商口岸的外国人和华人对此类消费品有强烈的需求，1913年时以上三项合计占进口比重的11.1%，到1928年时已达到16%。中国的面粉厂、制糖厂和卷烟厂尽管有较大的发展，但大多为粗质产品，无法与洋货相比。1931年以后，糖、烟等产品的进口税率大幅度提高，其进口量随有减少，到1931年时，面粉、糖、烟叶三项的进口比重已经下降到4.5%的份额。政府的关税政策优化了此类产品的"进口替代"条件。

近代工业的大步迈进和现代交通的迅速发展，使机械产品、钢铁等金属品、交通器材、化学染料和液体染料（含煤油）的进口量大幅度增长。1913～1936年，机械设备的进口比重从1.4%上升到6.4%，钢铁等金属品的比重从5.3%上升到13.2%，交通器材的比重从0.8%上升到5.6%，液体燃料（含煤油）的比重从4.5%上升到8.3%，上述诸项1936年总占44%有余。需要注意的是，这时因为有了国民政府财政关税的影响，对此类商品征收的关税偏高，一定程度上阻碍了进口，否则其比重数可能更大。以上产品都是中国工业发展的必需品，间接说明了中国工业"进口替代"的发展。

表6-4中，以"丝及丝织品"到"煤炭"之间的各项都是初级产品，其间比重上的此消彼长并不能反映近代中国工业"进口替代"的成就，因而不作分析。

下面着重考察中国工业"进口替代"的骨干行业——棉纺织业的发展情况。

表6-3显示，进口商品中变化最显著的是棉制品和棉纱。1913年两项合计占进口总额的32%，计值18245万海关两。其后两者下降的速度异常快捷，第一次世界大战中的1916年占26.5%，世界经济大萧条前的1928年占15.8%，到1931年的时候不足8%，1933～1934年中国对进口的棉货和棉纱课以重税，到1936年仅仅占1.7%，在中国的进口商品中已经微不足道了。这说明在棉纺织业中，中国国内自行生产的产品已基本可以满足国内的有效需求，不必依赖进口以抵不足部分。在棉纺织业中，进口棉纱与进口棉制品之比由1913年的1∶1.5下降到1936年的1∶7.5，说明棉纱的"进口替代"

程度要比棉制品为高。

棉花的进口却在不断增多。1913 年只占进口总值的 0.5%，1921 年增长到了 7.4%，1931 年达到 12.6%，在中国进口商品比重中冠居首位。本来中国棉花生产在世界棉产国中占有重要地位，1926 年中国棉花产量占世界产量的 10%[①]，但国产棉花的棉绒较短，再加上内地交通不便运费偏高，所以国外长绒棉得以大量进口。棉花作为工业原料的进口支持了中国棉纺织工业"进口替代"的发展。

再看表 6-4 中棉纱和棉制品的出口情况。第一次世界大战以前，中国曾经大量地进口棉纱和棉制品，海关关册上根本没有棉纱出口的记载。"一战"后，这种情况发生了根本的变化，棉纱和棉制品 1913 年的出口比重仅为0.6%，以后历年累有增加。20 世纪 20 年代初，华产棉纱在印度、中国香港、荷属东印度等地找到了市场，也有一部分输往日本作进一步的加工；华产棉制品也在有大量华人居住的荷属东印度、菲律宾、中国香港、中国台湾开拓了市场。到 20 世纪 30 年代，中国的棉纺织品甚至出现在非洲大陆和中美洲国家。1931 年，棉纱和棉制品出口已占出口总值的 4.9%，1936 年尚能占3%，这说明棉纱已开始向"出口导向"方向发展。

现在将棉制品、棉纱和原棉的进出口情况结合在一起考察，见表 6-5。

表 6-5　　　　　　　　1913~1936 年原棉、棉纱、棉货进出口　　　　　　单位：1 000

年份	原棉（担）			棉纱（担）			棉纺织品（关两）		
	进口	出口	净出口	进口	出口	净出口	进口	出口	净出口
1913	133	739	606	2 685	不详		109 882	2 359	- 107 523
1916	408	851	443	2 467	13	- 2 454	72 703	3 658	- 69 045
1920	678	376	- 302	1 325	70	- 1 255	165 889	4 950	- 160 939
1925	1 807	800	- 1 007	527	65	- 462	154 433	11 767	- 142 666
1928	1 916	1 112	- 804	285	350	65	170 345	16 356	- 153 989
1931	4 688	790	- 3 898	48	618	570	108 959	12 229	96 730
1936	673	609	- 64	10	149	139	9 292	8 767	- 525

资料来源：郑友揆.中国的对外贸易和工业发展 [M].上海：上海社会科学院出版社，1984：42.

---

① 武育幹.中国国际贸易概论 [M].北京：商务印书馆，1930：52.

表 6 – 5 显示，1913 ～ 1931 年，原棉进口从 13.3 万担增至 468.8 万担，出口则维持在 80 万担左右，棉纺织品原料的进口增加了；棉纱进口从 268.5 万担降至 4.8 万担，出口则从无上升到 61.8 万担，棉纱不仅在当时条件下基本实现"进口替代"，并开始向"出口导向"发展；棉制品进口起伏较大，最低时 1916 年 7 070.3 万关两，最高时 1928 年 17 034.5 万关两，但出口却从 235.9 万关两上升到 1 222.9 万关两，"进口替代"状况紧步棉纱之后，1931 年以后，尽管民族工业遇到困难，但棉纺织业仍有发展，棉纺织品的进口大量减少，1936 年仅计 929.2 万海关两，"进口替代"步伐明显加快了。

三、工业"进口替代"在外贸结构上的反映（Ⅱ）

《海关贸易报告》中进出口商品结构的分类，由于时代的局限性，没有区分产品的加工性质。现在本书将运用对上述商品的一种新的分类法，来说明 1913 ～ 1936 年中国工业的"进口替代"情况。这种新分类法由日本东京大学东洋文化研究所久保亨编制，它不仅将一次产品（非工业产品）和工业产品区分开来，而且各项目下又有小分类。这种分类法比以前的分类法便于对商品结构长期变动规律的观察，因而对于分析工业"进口替代"更趋合理。

先看进口贸易商品结构，见表 6 – 6 和表 6 – 7。

表 6 – 6　　　　　　　　中国进口贸易商品结构

年份	一次产品		重化学工业产品		轻工业产品		不能分类		合计	
	百万元	%	百万元	%	百万元	%	百万元	%	百万元	%
1912	209	28.4	101	13.7	403	54.7	25	3.4	737	100.0
1926	629	35.9	330	18.9	763	43.6	29	1.7	1752	100.0
1930	756	37.0	569	27.9	685	33.6	31	1.5	2041	100.0
1932	752	45.7	440	26.8	432	26.3	19	1.2	1644	100.0
1933	617	45.8	439	32.6	274	20.4	16	1.2	1347	100.0
1936	280	29.8	442	47.0	135	14.3	81	8.9	941	100.0

注：表中"一次产品"项下之"食品"为"未加工食品"，"轻工业产品"项下之"食品"为"经过加工食品"，"重化工业产品"项下之"机器"包括车辆等。

资料来源：久保亨. 近现代中国的对外贸易结构和工业发展［M］//章开沅主编. 对外经济关系与中国近代化. 武汉：华中师范大学出版社，1990.

表6-7   **中国进口贸易商品结构**   单位:%

年份	一次产品			重化学工业产品			轻工业产品			
	食品	原料	燃料	金属	机器	化学	纤维	食品	陶瓷	杂货
1912	18.6	2.6	7.1	6.6	2.1	5.0	34.8	12.6	0.8	6.5
1926	12.3	15.3	8.3	6.7	3.4	8.8	24.9	13.7	1.0	4.0
1930	12.7	17.0	7.4	9.9	6.0	12.0	16.1	13.0	1.1	3.3
1933	14.2	20.5	11.2	12.8	5.9	13.9	8.4	8.6	1.2	2.1
1936	6.5	14.3	9.0	16.6	11.9	18.4	5.2	5.1	0.9	3.1

注：表中"一次产品"项下之"食品"为"未加工食品"，"轻工业产品"项下之"食品"为"经过加工食品"，"重化工业产品"项下之"机器"包括车辆等。

资料来源：久保亨. 近现代中国的对外贸易结构和工业发展［M］//章开沅主编. 对外经济关系与中国近代化. 武汉：华中师范大学出版社，1990.

表6-6和表6-7显示国内工业品严重不足，不能满足国内需求，因而工业品进口总额一直占60%左右（轻工业、重化工业合计）。但已经有了一个重要的变化。轻工业产品的进口1912年为403百万元，1926年上升为763百万元，此后一直在下降，到1936年时仅为103百万元，其比率则从54.7%持续下降到14.3%，其中纤维产品（即纺织品）和食品所占的比率的下降尤为迅速，分别从34.8%降至5.2%，12.6%降至5.1%，这是由于纺织品、食品等轻工业产品技术含量相对较低，在这些行业率先进行"进口替代"的结果。重化学工业产品进口值1912年为101百万元，1930年升至569百万元，20世纪30年代一直徘徊在440百万元左右，其比率则从13.7%上升到1936年的47.0%，其中金属制品、机器设备、化学品诸项都呈上升之势，这是因为轻工产品的"进口替代"是所有工业品"进口替代"的先导，在其广泛展开之际，因为国内工业的扩张，对重化产品中的金属制品和机器设备的需求增大，重化产品技术含量又相对较高，暂时不易实行"进口替代"，故进口比重不断上升。一次产品的进口值1912年为209百万元，1930年又上升至756百万元，此后有下降，1933年为617百万元，其比率则从1912年的28.4%上升到1933年的45.8%，其中尤以原料品上升为快，从1912年的2.6%上升到1933年的20.5%，这同样是国内工业尤其是轻工业的发展，对原料、燃料等一次性产品需求量增大的结果。通过对表6-6和表6-7的分析，可以得出这样的结论：中国不再是一个单纯进口工业品的国家，而是大量进口一次产品和重化学工业产品，对轻工业产品则实行了广泛的"进口替代"。

再看出口贸易商品结构，见表6-8和表6-9。

表6-8　　　　　　　　　　　　中国出口贸易商品结构

年份	一次产品		重化学工业产品		轻工业产品	
	百万元	%	百万元	%	百万元	%
1912	227	39.2	21	3.6	63	10.9
1920	320	37.9	36	4.3	167	19.8
1926	528	39.2	39	2.9	340	25.2
1930	620	44.5	41	5.2	301	21.6
1933	219	35.8	32	6.5	158	25.8
1936	301	42.7	46	6.5	95	13.5

年份	手工业产品		不能分类		合计	
	百万元	%	百万元	%	百万元	%
1912	251	43.9	15	2.6	577	100.0
1920	301	35.7	20	20.0	844	100.0
1926	427	31.7	14	1.0	1347	100.0
1930	425	30.5	8	0.6	1 395	100.0
1933	197	32.2	6	1.0	612	100.0
1936	260	36.0	3	0.4	706	100.0

注：表中"一次产品"项下之"食品"为"未加工食品"，"轻工业产品"项下之"食品"为"经过加工食品"，"重化工业产品"项下之"机器"包括车辆等。

资料来源：久保亨. 近现代中国的对外贸易结构和工业发展 [M] //章开沅主编. 对外经济关系与中国近代化. 武汉：华中师范大学出版社，1990.

表6-9　　　　　　　　　　　　中国出口贸易商品结构　　　　　　　　单位:%

年份	一次产品			重化学工业产品		
	食品	原料	燃料	金属	机器	化学
1912	7.5	30.5	1.2	3.5		0.2
1920	7.8	27.6	2.5	4.0		0.2
1926	8.1	27.9	3.2	2.5		0.3
1930	9.6	31.7	3.2	2.5		0.4
1933	9.7	25.0	1.1	4.3		0.8
1936	10.6	30.3	1.8	5.8	0.1	0.7

续表

年份	轻工业产品				手工业产品		
	纤维	食品	陶瓷	杂货	纤维	食品	其他
1912	10.6	0.2	0.1	0.1	13.6	17.1	12.8
1920	13.8	5.8	0.1	0.1	7.0	19.9	8.6
1926	20.4	4.2	0.4	0.2	5.8	11.2	14.8
1930	16.3	4.6	0.5	0.2	5.5	10.7	14.3
1933	20.5	4.5	0.1	0.8	8.1	11.1	12.9
1936	9.4	3.5	0.1	0.5	7.8	10.9	18.1

注：表中"一次产品"项下之"食品"为"未加工食品"，"轻工业产品"项下之"食品"为"经过加工食品"，"重化工业产品"项下之"机器"包括车辆等。

资料来源：久保亨. 近现代中国的对外贸易结构和工业发展 [M] //章开沅主编. 对外经济关系与中国近代化. 武汉：华中师范大学出版社，1990.

表6-8和表6-9显示，机制工业品的出口从未高于31%（轻工业产品和重化学工业产品合计），手工业产品的出口一直在30%以上，一次产品的出口甚至维持在40%左右，可见我国当时工业化的水平并不高，但其内部的重大变化却是非常明显的。手工业产品从1912年的251百万元升至1926年的427百万元，到1936年降至260百万元，但其比重则从1912年的43.5%降至1936年的36.9%，1930年时甚至为30.5%，其重要性显然在降低。轻工业产品从1912年的63百万元升至1926年的340百万元，其后因为日本在美国抢占中国丝绸市场，在东南亚抢夺棉纺织品市场和大危机后世界贸易保护主义的泛滥，轻工业产品出口降至1936年的95百万元，但其比重从1912年的10.9%一直上升到1933年的25.8%，其重要性增加了。重化学工业产品的出口量从1912年的21百万上升到1936年的46百万元，其比重则从3.6%升至6.5%。总之，1913~1936年这段时期以纺织品为骨干的轻工业不但在"进口替代"的过程中取得显著成效，而且已有部分"出口导向"的成果；重化学工业尽管也有了初步的发展，但其项下有"金属及制品"的小分类，矿冶业的高速发展与为满足国外锑、锡、钨等战略物资的需求有关，对此评价不宜过高。

四、近代中国工业"进口替代"的特点

近代中国工业"进口替代"具有以下三个特点。

第一，被动性向主动性的转化。"进口替代"是后发展国家工业化所必需的过程，它可以在不自觉的状态下进行，也可以在自觉的状态下进行（即作为政策）。近代中国的"进口替代"明显地存在一个从不自觉状态向自觉状态转化的过程，即被动性向主动性的转化。这种转化集中地反映在"进口替代"条件的进步方面。北洋政府颁布了一系列有利于工商业发展的政令，南京政府更推行广泛的"国民经济建设运动"，"进口替代"的主动性逐渐增强。尤其是关税制度的演变，更见其从被动性向主动性的转化。1928 年国民政府北伐成功，开始了与列强各国的关税谈判，恢复了关税自主，新税则于 1929 年 2 月 10 日正式生效，以后又做了两次修订。提高了进口税率，增强了贸易保护；关税从量计征的不合理状况得以改善，改为计价计征；关税分级并且各级税率根据国内工业行业的成熟程度不断改进。到 1933 年，能够对国内工业形成有效保护的关税制度已经确立起来了。

第二，局部性向整体性的扩延。中国国土广大，人口众多，文化差异悬殊，经济发展水平参差不齐，这就决定了中国工业的"进口替代"不可能像较小国家或极小地区那样同步进行，这种不同步性既表现在地域差异上，又表现在行业范围的扩展上，更表现在产品数量的扩大上。就地域而言，中国近代工业先有零星工矿企业的出现，进而在东部沿海地区出现几个工业密度集中的城市，再由城市向其附近区域扩散，并逐渐由东部地区向西部地区推展，20 世纪 30 年代，由于备战的需要，这种推展呈现很强的势头。就行业而言，近代中国的"进口替代"从纺织业开始，逐渐向食品加工、化学、水泥、卷烟、火柴，机器制造等其他行业渗透。就产品数量而言，因为在一定时期一定区域内某产品的有效需求量是固定的，当"进口替代"行业逐渐占有这些市场需求时，随着中国经济形式的转化，经济的内涵的增大，产品的有效需求量随之增长，使"进口替代"的这一特征尤为显著。本书将"进口替代"不同步性的这三种情况概括为局部性向整体性的扩延。

第三，初级化向高级化的进展。所谓初级化向高级化的进展是指工业"进口替代"首先在技术含量低、投资小、投资周期短的行业（轻纺工业）

获得较大发展，并逐渐向技术含量大的高级产业（重化工业）转移，近代中国工业的"进口替代"虽然没有完成这一转移，但其进展趋势是非常明显的。如前所述，当近代中国轻工产品的进口比重在大幅度下降的同时，为支持轻工产品"进口替代"的重化工业产品的进口却在不断地增加。尽管如此，近代中国以机械制造业为代表的重化工业已有些微的发展，形成了上海和汉口两个机制业中心，从事船舶、纺织机、食品机、印刷机等机床和铁路车辆及农用机械的制造。

第三节　近代中国对外贸易与消费结构的变迁

　　中国近代时期对外贸易深刻地影响着经济社会生活包括消费习惯在内的各个层面，消费习惯变迁通过消费结构的变化显现出来。中国近代消费结构中的饮食范围、衣着种类、照明传统等方面都由于对外贸易而引发了深刻的变革。

一、近代中国消费结构的研究状况

　　西方经济学在其古典时代就已经将研究的范围扩展到了消费领域，威廉·配第（William Petty）、亚当·斯密（Adam Smith）、大卫·李嘉图（David Ricardo）、魁奈（F. Quesnay）、西斯蒙第（Sismondi）等人都曾不同程度地涉及过这个问题，只是尚未形成系统的消费理论。随着经济学"边际革命"时代的到来，消费领域逐渐为现代经济学家所重视，终于在20世纪30年代形成了一门独立的学科——消费经济学。消费经济学自始至终把消费结构的研究放在首要的位置。"消费结构是指人们在生活中消费的消费资料和接受的服务种类及其比例关系，也就是指各类消费支出在总消费支出中的比重。"[①]

---

① 苏志平，张克昕. 消费经济学 [M]. 北京：中国商业出版社，1990：43.

消费结构首先是与产业结构密切相关，在封闭的市场条件下，产业结构的状况决定着消费结构的方向，消费结构的变动又影响着产业结构的变化。中国近代时期，市场条件的封闭性已经开始被打破，对外经济关系这个变量已经内生化，这就不能不对产业结构和消费结构产生影响，刘佛丁先生指出："一般说来，随着经济的增长，消费水平自然相应提高，以致消费结构也会发生变化。发展中国家在引进西方先进技术过程中，也会同时引进西方的生活方式，也就是引进的过程会同时出现在生产和消费两个方面"①。这样，对外贸易同产业结构和消费结构之间就形成了犄角形的相互影响关系。

近代中国城乡消费结构变化的资料十分缺乏，巫宝三先生1933年的调查是唯一的一份全面系统的资料。1949年以后，国内经济史学界对此方面的研究长期处于空白，一直到刘佛丁先生等人依据巫宝三先生的调查，结合与日本同时期的比较，进行了宏观层次的分析，以及张东刚教授关于这方面的综合研究，此现状始得以明显改善②③。

巫宝三对中国消费结构的调查基本采用的是19世纪德国统计学家恩格尔（Engel）的分类法，其结果如表6－10所示。

表6－10　　　　　　　　　　1933年的中国消费结构　　　　　　　单位：%

项目	农业人口	非农业人口	蒙藏地区	总计
食　　品	59.8	29.5	61.8	46.8
衣　　着	6.8	15.9	7.7	10.7
房　　租	3.8	11.3	4.0	7.0
燃料灯火	10.4	7.3	12.1	9.1
杂　　项	19.2	36.0	15.4	26.4

资料来源：巫宝三. 中国国民所得，1933. 刘佛丁、王玉茹、于建玮. 近代中国的经济发展［M］. 济南：山东人民出版社，1997：296。

根据恩格尔定律：随着收入的增加，食品支出在消费总支出中所占的比例逐渐下降，食品支出占消费支出的比例被称为恩格尔系数。生活水平越高，

---

① ②　刘佛丁，王玉茹，于建玮. 近代中国的经济发展［M］. 济南：山东人民出版社，1997：291.

③　张东刚. 总需求的变动趋势与近代中国经济发展［M］. 北京：高等教育出版社，1997.

恩格尔系数越低；生活水平越低，恩格尔系数越高。巫宝三的调查符合这一定律，非农业人口的恩格尔系数大大小于农业人口的恩格尔系数，农业人口的恩格尔系数又略小于蒙藏地区（畜牧业人口）的恩格尔系数。但本书作者对巫宝三的这个调查结果的准确性存在一点怀疑。1933年中国非农业人口的恩格尔系数只有29.5%，这个数字显然是偏低了。即使按照联合国当前对贫富标准的划分，恩格尔系数在30%以下就被归入"最富裕"的生活水平标准。[①] 1924~1928年，日本的恩格尔系数为56%[②]，当时日本的人均国民收入远远高于中国，尽管日本的消费结构变化滞后于产业结构的变化和经济的增长，但中国非农业人口的恩格尔系数竟仅为日本的一半仍然是不可能的。1922年《申报》报道，北平劳动者家庭的恩格尔系数大大高于世界上其他一些国家大城市居民的恩格尔系数，仅仅略低于当时印度的孟买和埃及的开罗居民的恩格尔系数。[③] 1929年陶孟和所著的《北平生活费之分析》一书称，1926年北平人力车夫家庭的恩格尔系数为71.2%[④]。1931年杨西孟所著的《上海工人生活程度的一个研究》一书显示，1927~1928年上海工人的恩格尔系数约为56%[⑤]。以上皆属联合国当前标准的绝对贫困或勉强度日生活水平之列。

我们亦认为陶和杨的这些数据基本上准确。近代中国的城市工人有很大一部分是农村失去土地的农民被迫流入城市的，他们的生活水平不可能比农民高出太多，因此其恩格尔系数也就不会比农业人口低太多。由此可见，巫宝三前面的调查可能是由于样本采集有误。在近代中国的非农业人口中，穷奢极侈的"绅士"与城市贫民的人口比例及其消费能力的梯度结构所决定的统计权数的准确估计是一个极为复杂的统计难题，巫宝三先生当时对这个问题所采用的解决方式，或许是导致上述中国非农业人口恩格尔系数过低的关键。

因为食品支出在消费支出中所占的比重持续过高，其他各项支出的比例也就不可能有太大的变化。再加上"中国近代化过程中城市消费结构有比较

---

① 伍荣坤，钟永豪. 西方经济统计学 [M]. 广州：暨南大学出版社，1992：193.
② 刘佛丁，王玉茹，于建玮. 近代中国的经济发展 [M]. 济南：山东人民出版社，1997：295.
③ 苏志平，张克昕. 消费经济学 [M]. 北京：中国商业出版社，1990：66.
④ 陶孟和. 北平生活费之分析 [M]. 北平社会调查所. 1930：65~65.
⑤ 杨西孟. 上海工人生活程度的一个研究 [M]. 北平社会调查所，1931；张东刚. 总需求的变动趋势与近代中国经济发展 [M]. 北京：高等教育出版社，1997：190.

明显的变化，农村的消费结构则基本保持原状"①。因此探讨对外贸易对消费结构的影响就不能仅停留在宏观的层次上，本书的研究将分别从食品、衣着、燃料灯火三个方面展开微观层次上的分析。

二、对外贸易对近代中国消费结构的影响

对消费结构的研究存在着两种倾向：一是数量化；二是社会学化。这两种研究方法都适用于近代中国的这段历史时期。郑观应面对当时进口商品的日渐增多，在其充满忧患意识的《盛世危言》中称：

> "请先就我之受害者缕断言之，大宗有二：一则曰鸦片，每年约耗银三千三百万两；二则曰棉纱、棉布，两种每年约共耗银五千三百万两。此尽人而知为巨款者也。不知鸦片之外，又有杂货，约共耗银三千五百万，如洋药、水药、丸药粉、洋烟丝、吕宋烟、夏湾拿（哈瓦那——本书作者注）烟、俄国美国纸卷烟、鼻烟、洋酒、火腿、洋肉脯、洋饼饵、洋糖、洋盐、洋果干、洋水果、咖啡，其零星莫可指名者尤多。此食物之凡为我害者也。洋布之外，又有洋绸、洋缎、洋呢、洋羽毛、洋漳绒、洋羽纱、洋被、洋毯、洋毡、洋手巾、洋花边、洋纽扣、洋针、洋线、洋伞、洋灯、洋纸、洋钉、洋画、洋笔、洋墨水、洋颜料、洋皮箱匣、洋磁、洋牙刷、洋牙粉、洋胰、洋火、洋油，其零星莫可指名者尤多。此用物之凡为我害者也。此外更有电气灯、自来水、照相玻璃、大小镜片、铅、铜、铁、锡、煤斤、马口铁、洋木器、洋钟表、寒暑表，一切玩好奇淫之具，种类殊繁，指不胜屈。此又杂物之凡为我害者也。以上各种类皆畅行各口，销入内地，人置家备，弃旧翻新，耗我资财，何可悉数？"②

郑观应这段话观点暂且不论，极言危机而辞气未免浮夸，数字征引亦或有不详，但其所言进口消费品之光怪陆离已足见一斑。

1. 食品消费的变化

食品结构的变化几乎完全发生在城市，广大农村地区对食品的消费有其传

---

① 刘佛丁，王玉茹，于建玮. 近代中国的经济发展［M］. 济南：山东人民出版社，1997：297.

② 郑观应. 商占［M］//盛世危言：卷三. 17～18。姚贤镐. 中国近代对外贸易史资料（第三册）［M］. 北京：中华书局，1962：1093.

统的习惯，这种习惯因极其贫困而带有根深蒂固的特点。因为贫困，我国的食品消费结构长期处于低质量状态。低蛋白质、低热量、粗纤维的食物在中国的食品消费中居于主要地位。近代开埠以后，至少是在东部沿海城市的通商口岸内，富裕的华人阶层的这种食品消费结构逐渐地趋于改善。仅仅从饮食类的进口来看，就足以显示对外贸易对近代中国城镇居民食品消费结构的这种影响。

米麦进口皆因中国粮食缺乏所至，对消费结构之改变难说有什么太大的影响，可予不论。而进口面粉则因其色白粉细而能获得了贸易通商口岸的市场。1888 年广州一地的进口就达到了 87 241 担①。1903 年全国的面粉进口为766 324 担，十年后的 1913 年增长到 2 596 821 担，第一次世界大战期间大量减少，战后增加仍为迅速，1924 年增长到 6 657 162 担，其后因中国机器面粉业"进口替代"的发展使其进口逐渐减少②。面粉之外，外国的糖类因其纯度远较中国土糖为高，也获得了大量进口，时人记载："对于外国人所制的糖或糖制品的唯一需要，表现在外国糖果销售量的增加。在每家中国店铺中，都可看见瓶装的外国糖果。中国人招待客人的时候，也常常使用"③。1867 年全国糖类进口量就达到了 186 176 担，1877 年为 365 134 担，1897 年上升到2 298 427 担，1913 年更增至 7 111 728 担，1925 年达到 12 053 108 担，1929年是最高峰，计 14 856 659 担④。

另外，也可以从零星资料中管窥其他高档食品的进口对中国食品结构的影响。在广州，"炼乳的输入也有显著的增加，当地人觉得它对小孩子有用，并且有时还把它当作果酱来吃"⑤。"1891 年炼乳进口的听数，超过 12 000打"⑥。"在大街上可以看到许多商店出售外国食品，全是为供给中国人消费

---

① *Commercial Reports* 1888, Guangzhou. 姚贤镐. 中国近代对外贸易史资料（第二册）[M]. 中华书局，1962：1099.

② 杨端六，侯厚培. 六十五年来中国国际贸易统计 [M]. 国立中央研究院社会科学研究所，1931：43.

③ *Commercial Reports*, 1878 and 1880, Hankou, P27. 姚贤镐. 中国近代对外贸易史资料（第二册）[M]. 北京：中华书局，1962：1105.

④ 杨端六，侯厚培. 六十五来中国国际贸易统计 [M]. 国立中央研究院社会科学研究所，1931；蔡谦、郑友揆. 中国各通商口岸对各国进出口贸易统计（民国八年、十六年至二十年）[M]. 北京：商务印书馆印行，1936. 本书作者整理计算.

⑤ *Commercial Reports*, 1875, Guangzhou. 姚贤镐. 中国近代对外贸易史资料（第二册）[M]. 中华书局，1964：1095.

⑥ *Decinncial Reports*, 1882 - 1991, guangzhou. 姚贤镐. 中国近代对外贸易史资料（第二册）[M]. 北京：中华书局，1962：1097.

的。洋酒，特别是橡槟酒，同糖果、饼干、沙拉油和罐头牛乳，一起陈列在货架上"①。

对外贸易也加剧了部分中国人的不良消费习惯，鸦片和烟叶的进口就居此类②。早在鸦片战争以前，鸦片进口的数量就极为可观，1838 年为 35 500 箱，鸦片战争后的第二年即 1843 年，鸦片进口就恢复到了 36 699 箱，到 1858 年更增加到 61 966 箱③。1858 年《天津条约》规定了鸦片进口的税率，从而确定了鸦片贸易的合法化，随着海关统计的完备，鸦片统计计量亦改"箱"为"担"。19 世纪 60～90 年代，鸦片一直居于中国进口商品之首位，每年进口价值在 3 000 万～4 000 万关两之间，大体 5.5 万～7.5 万担（不包括走私），1879 年最高为 8.3 万担④。1906 年英国政府被迫承认印度与中国之间鸦片贸易的不道德，清政府亦饬令禁绝吸食鸦片并禁止在中国种植罂粟，1917 年鸦片进口量减至 1 072 担，此后鸦片这个项目在中国海关关册上正式消失⑤。但是罂粟的种植却不可能在中国禁绝。罂粟的生长能力极强，对温度、土壤的要求都不苛刻。从 19 世纪 60 年代中国就广种罂粟，遂使三四十年间印度鸦片输华数量不能明显增加，20 世纪以后，鸦片进口虽趋减，但不少的中国人吸食鸦片之恶习早已养成，这个问题的解决是 20 世纪 50 年代的事情了。

烟草之危害当时并不为人所广泛认识。它的化学成分比鸦片更为复杂，除与鸦片相似但较微弱的麻醉性和迷幻性之外，其所含毒性成分更多。随着中外贸易的开展，烟草进口逐年增加。海关上统计，1895 年进口值 27.9 万海关两，其后的增加异常迅速，1900 年突破百万关两大关，1913 年更破千万关两大关，甚至第一次世界大战都无法遏制其势头。1915 年、1916 年、1917 年三个年份进口量分别为 52.78 亿支、66.99 亿支、79.48 亿支，进口货量虽然上升不大，但货值上升却很迅速，分别为 1 267.21 万关两、2 684.31 万关两、3 185.26 万关两，可见烟草进口得档次日渐精细。其后随着中国机器卷烟业

① *Commercial Reports*, 1894, Guangzhou. 姚贤镐. 中国近代对外贸易史资料（第二册）[M]. 北京：中华书局，1962：1098.

② 海关统计上，鸦片被列入"杂项"，烟草被列入"饮食物及烟草"，本书在这里将其统归入食品消费结构中论述。

③ 马士. 中华帝国对外关系史：第一卷（中译本）[M]. 北京：生活·读书·新知三联书店，1957：626.

④ 马士. 中华帝国对外关系史：第一卷（中译本）[M]. 北京：生活·读书·新知三联书店，1957：198；郑友揆. 中国的对外贸易和工业发展 [M]. 上海：上海社会科学院出版社，1984：20.

⑤ 郑友揆. 中国的对外贸易和工业发展 [M]. 上海：上海社会科学院出版社，1984：21.

对市场展开争夺，烟草进口的货量虽有升降，但货值未再攀高①。

食物的出口也影响着我国居民的消费。20 世纪以来，我国的大豆、花生、蛋及蛋制品生产都有增长，这本来可以促进我国农村地区食品结构的改善，但这种生产主要是商品性生产，产品通过市场渠道，大部分流向了城市，除了改善了城镇居民的食品消费结构以外，其中又绝大部分供应出口。

2. 衣着消费的变化

衣着消费结构的变化不仅发生在城市，也发生在农村，城市的变化远大于农村的变化。恩格尔曾经认为无论家庭收入的多寡，衣着费用支出在家庭收入中所占的比例是不变的。修瓦彭后来对此结论作了修订，他发现，随着收入的增加，衣着消费所占的比重先是上升（也有较平稳的），而后则下降。巫宝三先生对 1933 年中国消费结构的调查，非农业人口衣着支出所占的比重高于农业人口衣着支出所占比重，这符合修瓦彭所发现的规律。

在这里，我们从研究棉纺织品入手。中国近代时期洋纱代替土纱先于洋布代替土布。根据严中平先生的估计，全国棉纱 1934 年、1935 年平均产量约为 5 934 千公担，其中机纺棉纱产量约为 4 934 千公担，手纺棉纱产量约为 1 000 千公担。另外，两年平均输出机纱 149 千公担，输入 2 千公担，净输出 147 千公担。这样全国消费的棉纱总量为 5 787 千公担，其中机纱 4 787 千公担，占 82.7%，手纱 1 000 千公担，占 17.3%②。同 19 世纪 60 年代机纱进入中国以前相比，棉纱的这种消费结构已迥然不同，足见机纱代替土纱而成为消费的主流。

这 5 787 千公担的棉纱在用途上是如何分配的呢？机制棉布的消费量为 1 883 千公担，手制棉布的消费量为 3 180 千公担，针织杂用消费 724 千公担③。其中机制棉布和针织一般都用机纱，手制棉布既用机纱又用土纱。即有 2 180 千公担机纱用于手制棉布，占所有手制棉布用纱量的 68.6%，手纱只占手制棉布用纱量的 32.4%。

仍以严中平先生的估计，1934 年、1935 年平均全国棉布总产量长度为 5 506 百万码，面积 3 800 百万方码。其中机制棉布 1 513 百万码，1 471 百万方码；手制棉布 3 993 百万码，2 329 百万方码。另外，两年平均进口棉布 104

---

① 杨端六、侯厚培. 六十五年来中国国际贸易统计 [M]. 国立中央研究院社会科学研究所，1931：44。

② 严中平. 中国棉纺织史稿 [M]. 北京：科学出版社，1955：308~309. 本书作者整理计算。

③ 严中平. 中国棉纺织史稿 [M]. 北京：科学出版社，1955：310.

百万码，89 百万方码；出口机制棉布 21 百万码，19 百万方码；净进口机制棉布则为 83 百万码，70 百万方码。如此则全国消费机制棉布 1 596 百万码，1 541 百万方码。又两年平均出口手制棉布 3 977 百万码，2 319 百万方码[①]。这样可以得出结论：全国消费棉布总长度 5 573 百万码，其中机制棉布占 28.6%，手制棉布占 71.4%；合总面积 3 860 百万方码，其中机制棉布占 39.9%，手制棉布占 60.1%。

严中平先生的上述估计不包括东北四省，如关内人口以 4 亿计算，则平均每人每年消费棉布 13.93 码或 9.65 方码。其中以长度论，机器制品 3.99 码，手工制品 9.94 码；以面积论，机器制品 3.85 方码，手工制品 5.80 方码。这些棉织品有多少在城镇消费，有多少在农村消费，不得而知。但可以肯定，棉布的手工制品几乎全部在农村就地消费，机器制品则在农村地区消费的比重不会太高。

棉布用途非仅限于衣着一项，但棉布的消费结构无疑深刻地影响着衣着消费结构的变化。可以断言，我国农村地区衣着消费仍以棉麻制品为主，棉类衣着多是机织棉纱手工制成棉布后再手工缝缀而成；城镇地区衣着消费则多采用机纱机布的手工制品；只有城镇富裕阶层讲究穿用成衣。

中国城乡的富裕阶层以前有穿着绸缎的习惯。开埠以后，随着对外贸易的发展，呢绒、羊毛织品开始大量进口，进入 20 世纪以后，人造丝制品、各类装饰品进口量大增。这大大丰富了中国城市上层居民的衣着消费品种，促成了城镇衣着消费的多样化。

3. 灯火照明消费的变化

巫宝三先生在对 1933 年中国消费结构进行调查时特别列示上燃料灯火一项。近代中国消费结构中，对外贸易对灯火照明的改善所发挥的作用是巨大的。中国照明向以植物油主要是豆油、花生油和菜籽油为主，光线昏暗。蜡烛因其价格较高，燃烧较快，除富裕阶层日常使用外，一般用于香火供奉和节日庆典。开埠以后，煤油——主要是美国和俄国煤油以及苏门答腊岛的煤油大量行销中国。1882～1883 年镇江口岸贸易报告称："在各条约口岸周围相当大的区域内已经普遍使用煤油了。中国人即使是富人，其照明方法也是极原始的。烛心肥大的粗蜡烛便是富人的奢侈品之一，而一股棉纱浮在装着油的铁灯中就为穷人们破除黑暗。每个村庄都有廉价的煤油灯，最穷的人都买

---

①　严中平. 中国棉纺织史稿 [M]. 北京：科学出版社，1955：311～313. 本书作者整理计算。

得起"①。从 1884 年起海关将煤油进口列入专项统计，当年进口 700 万美加仑②。1887 年煤油进口上升为 1 201.5 万美加仑，1894 年增加到 6 970.5 万美加仑，1904 年又增加到 15 689.1 万美加仑，1911 年为 23 589.8 万美加仑，成为仅次于棉织品和鸦片的一项大宗进口商品，第一次世界大战时稍有下降，进入 19 世纪 20 年代又趋增长，1928 年曾达到 26 279.3 万美加仑③。19 世纪 30 年代因东北之数不再记入，更由于城市电灯应用的推广，煤油进口有所下降。煤油的含热量较高，耐热，光亮，使其得以大量进口并很快遍及城乡从而替代了豆油和菜籽油，改善了中国的照明习惯，20 世纪以来中国植物油的出口市场日渐看好，更加速了这一替代过程。

在城镇地区，中国居民逐渐弃油灯而使用电灯，电灯泡在早期全部从国外输入。20 世纪 20～30 年代，电灯照明在东部城市地区已经相当普及了，但电力照明设备仍需大量进口。

关于近代中国消费结构的变化还可举出若干例证，唯其重要性与上述几端相比已是大为减弱，于兹不赘。

第四节　近代中国对外贸易与资本形成的关系

> 资本形成是一个国家早期现代化的重要条件，近代中国的资本形成依赖于对外贸易利得向资本的转化。这些资本的投资方式有附股于外商企业，与洋务派官僚合办民用企业（即通常所说的官督商办、官商合办），最常见的则是自营企业；资本的投资领域则广泛涉及工矿、商业、金融、航运、房地产等诸多方面。

资本存量的多寡，特别是资本形成的快慢，往往是促进和限制经济增长

---

① *Commercial Reports*，1882－1883 年，镇江，第 2 页；姚贤镐. 中国近代对外贸易史资料（第二册）［M］. 北京：中华书局，1962：1388.

② 上海社会科学院经济研究所. 上海对外贸易［M］. 上海：上海社会科学院出版社，1989：361.

③ 杨端六、侯厚培. 六十五来中国国际贸易统计［M］. 国立中央研究院社会科学研究所，1931；蔡谦、郑友揆. 中国各通商口岸对各国进出口贸易统计（民国八年、十六年至二十年）［M］. 商务印书馆印行，1936. 本书作者整理计算.

的基本因素，这种观点在 20 世纪 60 年代以前的发展经济学里曾广泛流行，从而成为早期发展经济学的重要内容。

一、资本形成的重要性

资本在长期以来都是一种稀缺性强的生产资源。根据现代经济增长理论，资本的来源是储蓄，即一个国家在一定时期内的国民收入减去消费后的余额。从生产的角度来看，国民收入减去消费后的储蓄又称为"资本积累"。古典经济增长理论认为，资本积累与经济增长率成正比，资本积累量的大小是经济增长率高低的关键。而发展中国家长期面临着资本稀缺问题，尤其是在进入现代经济增长之前以及在现代经济增长的初始阶段，其生产往往是完全的自给性生产或是自给性生产占主导地位，其消费往往是实物性消费而不是货币性消费，这种生产和消费的方式同极端贫困化的结合使国民收入剩余的数量极其有限。资本形成的困难成为这些国家能否进入现代经济增长以及影响早期现代经济增长效果的一个极为重要的因素。

20 世纪 50 年代的发展经济学对此予以高度的重视。美国经济学家罗格纳·纳克斯（R. Nurkse）于 1953 年提出了"贫困恶性循环"理论。低收入国家的资本形成无论从供给方面还是从需求方面都存在着一个恶性循环。从供给方面看，低收入意味着人们将绝大部分收入用于生活消费，从而导致储蓄水平低，储蓄水平低所导致的资本形成不足又使生产规模狭小，生产率难以提高，低生产率必然形成低经济增长率，从而造成新的一轮低收入。从需求方面看，低收入意味着低消费和低购买力，低购买力造成市场狭小，引起投资引诱不足，也就缺乏资本形成动力，这就必然造成生产规模狭小，从而如上述机制一样地造成新一轮低收入。在一些发展中国家，这两种循环都极难打破，由此纳克斯得出一个著名的命题："一个国家是因为贫穷才贫穷"。纳克斯之后，纳尔逊（R. R. Nelson）又提出了"低水平均衡陷阱"理论，其结果与"贫困恶性循环"理论是一致的。

尽管"贫困恶性循环"难以被打破，或者说"低水平均衡陷阱"难以摆脱，但发展经济学家仍然在理论上做了许多努力。1957 年，另一位美国经济学家哈维·利本斯坦（H. Leibenstein）提出了经济发展的"临界最小努力"理论。这种理论的含义是既然发展中国家之所以贫穷是因为受"贫困恶性循环"或"低水平均衡陷阱"的困扰，要打破这种困境，必须在经济发展的初始阶段实行大规模投资，使投资水平大到足以达到国民收入增长较大幅度地超过人口增长，人均收入大幅度提高到摆脱"贫困恶性循环"的水平。由此可见，利本斯坦只是指出了打破"贫困恶性循环"的环节，但仍然不能提出一个打破"贫困恶性循环"的方法。实际上，我们不能在此责难理论上的贫乏无力，这确是一个理论本身难以解决的问题。

二、对外贸易行为利得向资本的转化

近代中国的资本形成极为困难，民生艰难导致的低储蓄率不足以积累起达到"临界最小努力"所要求的资本量，富裕的绅士阶层将其剥削所得用于奢华的生活消费，剩余部分则热衷于投资土地以收取地租或拆放高利贷以收取高额利息。但是，近代中国自 19 世纪 60 年代起毕竟在实践上开始了打破"恶性循环"的努力。初始资本的来源主要是政府拨款（官办企业）、外资（包括国际资本流动、政府对外借款的即时资本化、外商企业赢利的再投资等）、华侨汇款（除去用于消费的部分）、对外贸易行为利得（同对外贸易直接相联系的国内贸易所获得的利润也包括在内，它有时甚至占整个对外贸易利润的大部分，并主要集中在买办手中）、其他社会资金（来源于地租和高利贷利息而不再继续投资于土地和高利贷的部分）。下面评述一下对外贸易对资本形成的作用。

对外贸易对资本形成的作用集中体现在买办收入的资本化。前人关于买办的研究早成荦荦大端，国内的黄逸峰、国外的郝延平都是其代表人物。与本书有关的内容兹举买办收入一项。买办收入到底有多少，因为无精确的数字统计为依据，前人根据买办业务量所做的估计如表 6-11 所示。

表 6-11 关于近代买办收入的几种估计

估计者	期 间	买办总收入	来 源
黄逸峰	1860~1894 年	4 亿两	《关于旧中国买办阶级的研究》，载《历史研究》1964 年第 4 期
郝延平	1842~1894 年	5.3 亿两	The Comprador in Nineteenth China, Bridge Between East and West, 1970

续表

估计者	期　间	买办总收入	来　源
河北大学	1840～1894 年	2.3 亿关两（2.56 亿上海两）	《中国近代经济史稿》
严中平	1890～1913 年	6.2 亿关两（6.9 亿上海两）	《中国棉纺织史稿》
汪熙	1868～1936 年	15.29 亿美元（36.8 亿上海两）	《关于买办和买办制度》，载《近代史研究》1980 年第 2 期
黄逸平	1840～1894 年	4.5 亿关两（5 亿上海两）	《近代中国经济变迁》
《中资史》	1840～1894 年	5 亿两	《中国资本主义发展史》

注：作为白银的计价单位"两"，全国各地制衡标准稍微有差异。括号内的数字是本书按 1 关两 = 1.114 上海两折算的，汪熙的数字另需折算比率：1 元 = 0.29712 美元（1936 年币值）、1 关两 = 1.558 元。

资料来源：许涤新、吴承明. 中国资本主义发展史（第二卷）[M]. 北京：人民出版社，1990：168、173；黄逸平. 近代中国经济变迁 [M]. 上海：上海人民出版社，1992：149.

　　上述的六种估计的时限除汪熙的估计较长外基本相同，买办收入的估计数除河北大学的估计数偏低外，其他四种估计相差不多。我们以《中国资本主义发展史》的估计为准，以 1840～1894 年买办收入 5 亿两计，这笔资金的数目确实可观。与清政府的财政收入相比较，清政府 1843 年岁入为 3 700 万两，1868 年岁入为 6 100 万两①。也就是说买办 50 年的收入相当于清政府全国近 10 年的国库收入，足见买办收入数量之巨。

　　当然，5 亿两的买办收入并非全部直接从对外贸易的买办行为中所得，其来源结构如表 6 - 12 所示。

表 6 - 12　　　　　　　　　1840～1894 年买办收入的来源

项　　目	收入（万关两）	占总收入（%）
① 洋行买办薪金	8 800	17.6
② 一般商品贸易佣金及其他收益	18 400	36.8

① 朱契. 中国财政问题：第一编. 1938：72～73；许涤新，吴承明. 中国资本主义发展史（第二卷）[M]. 北京：人民出版社，1990：173.

续表

项　　　目	收入（万关两）	占总收入（%）
③ 出口商品货价差额	8 400	16.8
④ 鸦片贸易收入	9 700	19.4
⑤ 外资工厂买办收入	1 900	3.8
⑥ 银行买办收入	600	1.2
⑦ 轮船、保险业买办收入	1 000	2.0
⑧ 经手外债、军火所得收入	1200	2.4
总　　　计	50 000	100.0

资料来源：许涤新、吴承明主编．中国资本主义发展史（第二卷）［M］．北京：人民出版社，1990：173.

从表6-2看，第1~4项和第8项中的经手军火收入毫无疑问都属于对外贸易行为所得，第5~7项和第8项中的经手外债收入并非直接得自于对外贸易活动。但这时期工厂加工业、航运业、银行业、保险业的主要业务是以对外贸易活动为服务对象的，它们随着对外贸易的发生而发生，随着对外贸易的发展而发展；而且后四项所占的比重也极小，累计不足10%。因此5亿两的买办收入全部可以被视为对外贸易行为利得。

这笔庞大的资金干什么用了呢？根据《中国资本主义发展史》的粗疏估计，买办的消费支出大约占到总收入的50%~70%，按平均60%计算，亦即有40%的积累率，约合2亿两①。对这2亿两资金的去向，则如表6-13所示。

表6~13　　　　　　　　　1840~1894年买办积累的投资去向

项　　　目	投资额（千两）	占总数（%）
交存外商企业保证金	100 000	50.0
附股于外商企业	12 000	6.0
投资城市房地产	30 000	15.0
投资商业、银钱业	53 000	26.5
投资近代工业、航运业	5 000	2.5
合　　　计	200 000	100.0

资料来源：许涤新、吴承明主编．中国资本主义发展史（第二卷）［M］．北京：人民出版社，1990：181.

---

① 许涤新，吴承明主编．中国资本主义发展史（第二卷）［M］．北京：人民出版社，1990：175.

应该注意的是，这只是甲午战争以前的情况。甲午战争前中国近代工业尚处在发育阶段，第三产业却获得了超前发展，这正是近代中国经济发展的特点，在上表买办积累的投资去向中除买办交存外商企业保证金占了一半以外，有 1/4 是投向商业和金融业领域的。

甲午战争后，尤其是经过维新运动的冲击、清政府"新政"对实业政策的促进和第一次世界大战的刺激，中国资本主义获得了空前的发展，外商企业数增加了，对外贸易额增长了，买办人数和买办收入随之增加。仍如《中国资本主义发展史》所估计，到 1920 年，买办总人数将近 4 万人，是甲午战前买办人数的 4 倍；1895～1920 年，买办总收入估计达到了 10 亿两以上，比1894 年前买办总收入增加一倍①。严中平先生所估计 1890～1913 年买办收入为 6.9 亿上海两两相印证，上述数字基本可信。这笔庞大资金若仍按 60% 用于奢侈消费计算，40% 的剩余积累就合 4 亿两，再加上退休买办在甲午战争前支存外商企业的保证金的返还（或以入股形式与外商合营），尽管这时其转化为投资的具体数字不得其详，但对于近代中国这个资本市场的极端稀缺性而言这笔资金的作用自然不可低估。它有效地缓解了资本形成的压力，松弛了"贫困恶性循环"的关键链条。

三、买办资本的投资方式和投资领域

简单地说，买办资本的投资方式有附股于外商企业，与洋务派官僚合办民用企业（即通常所说的官督商办、官商合办），最常见的是自营企业；而买办资本的投资领域则广泛涉及工矿、商业、金融、航运、房地产等诸多方面。

附股于外商企业是买办早期的一种重要投资方式。从 19 世纪 60 年代起，西方一些空头的冒险家来到中国，其中大多数集中在上海一地，他们中有些人甚至身无分文，但他们依持不平等条约所赋予的特权，惯靠吸收华人资金去开办企业，而当时因清政府尚未对国人开弛设厂兴业之禁圃，不少华商为追逐优厚利润，也只有将资本以附股形式投入外资企业。根据汪敬虞先生的估计，在整个 19 世纪，有华商附股的外资企业共 62 家，实收资本 4 000 万关两以上，其中有的企业华商附股比例高达 60%～80% 之多。而这其中主要地

---

①　许涤新、吴承明主编. 中国资本主义发展史（第二卷）［M］. 北京：人民出版社，1990：756.

就是买办的投资，在已查实身份的 47 名华人股东中，洋行买办 28 人[①]。在近代史上赫赫有名的旗昌轮船公司，1862 年成立时额定资本 100 万两至少有 1/3 是买办附股的资本[②]。

从 19 世纪 70 年代开始，买办资本也加入进了官督商办民用工业、矿业和航运业的行列。兹各举一典型例之。例一，上海机器织布局是洋务派为了稍分洋商之利并解决清政府财政困难而设立的，最初由前四川候补道彭汝琮主持，但 50 万两股本无从着落，彭只好辞职，太古洋行买办郑观应接手后，初订募股 40 万两，但因为郑观应、徐润、唐汝霖、卓培芳等买办的踊跃纳股，很快就募集到了 50 万两，织布局随得以建成[③]。例二，开平煤矿的兴建资本总计 100 万两，徐润投入 15 万两，其他大部分由唐廷枢、唐茂枝这一对买办兄弟奔走募集，这就是唐氏后人唐绍仪所称的"唐氏家族拥有最大数量的开平股份"[④]。例三，轮船招商局最初由沙船商人朱其昂筹建，但朱募资乏策，后经盛宣怀引荐，李鸿章委请唐廷枢、徐润加入，招徕股金的局面随之顺利，在第一期的 100 万两股本中，徐润一人干脆认购 24 万两，唐廷枢 10 万两，陈树棠 10 万两，另外还有郑观应和刘绍京的投资[⑤]。

对于官督商办这种形式，有人认为它具有中国传统经济中官商不分的落后性，但它却符合那段时期中国社会经济条件的现实。郑观应这番见解或许不无道理："全恃官力，则巨费难筹；兼集商资，则众擎易举。然全归商办，则土棍或至阻挠，兼依官威，则吏役又多需索。必官督商办，各有责成：商招股以兴工，不得有心隐漏；官稽查以征税，亦不得分外诛求；则上下相维，两弊具去"。[⑥]

也有的买办资本独自投资于企业。甲午战争后，这条投资渠道逐渐成为主流。在工业领域。如怡和洋行买办祝大椿 1888 年就开设了源昌缫丝厂。20 世纪后，除源昌缫丝厂的 50 万元外，祝又投资 20 万元兴设源昌碾米厂，投资 20 万元兴设华兴面粉厂，投资 67 万元兴设公益纱厂，投资 14 万元兴设怡

---

① 汪敬虞．十九世纪西方资本主义对中国的经济侵略 [M]．北京：人民出版社，1983：528～529.
② 刘广京．英美轮运势力在华竞争．29～30．黄逸平．近代中国经济变迁 [M]．上海：上海人民出版社，1992：151.
③ 黄逸平．近代中国经济变迁 [M]．上海：上海人民出版社，1992：287～292.
④ 张国辉．中国近代煤矿企业中的官商关系与资本主义发生问题 [J]．历史研究，1996 (3).
⑤ 张国辉．洋务运动与中国近代企业 [M]．北京：中国社会科学出版社，1979：148～149.
⑥ 《郑观应集》上册，第 704 页．黄逸平．近代中国经济变迁 [M]．上海：上海人民出版社，1992：292～293.

和源机器打包厂，合计 191 万元。此外，他还在上海龙章造纸厂、苏州振兴电灯厂、扬州振扬电灯厂、无锡源康缫丝厂、无锡惠元面粉厂拥有股本，使其投资总额达到 306 万元[①]。又如东方汇理银行买办朱志尧，1897～1910 年间投资上海大德油厂 21 万元，通昌榨油厂 13 万元，求新船厂 69.9 万元，申大面粉厂 27.9 万元，北京利呢革厂 60 万元，另外加上在同昌纱厂、大达轮船公司、大通轮船公司的股本，投资总额达到 365 万元[②]。

在商业领域。商业本是买办的本行，19 世纪末 20 世纪初，上海能查明身份的买办 112 名，出身商人的就有 75 名，占 67%[③]。买办资本在早期也最主要地投资于商业。因为洋行雇用买办首先要求他是一个商人，而买办也只有是商人才能居间经营，所以许多买办在洋行任职时差不多都经营着自设的行栈、钱庄、当铺、揽载行等。徐润，在宝顺洋行充任买办，除了各种工矿投资外，还先后创设有绍祥字号、润利生茶号、宝沅丝茶土号经营丝茶、鸦片等生意，又开设立顺兴、川汉各货号，经营烟叶、白蜡、黄白麻和桐油等。胡梅平，沙逊洋行买办，在天津设有鸦片行、糖行及堆栈，在张家口设有羊毛收购站。

也有不少买办出身于钱庄。在旧中国的商业领域，历来就与钱庄关系密切，开埠后进出口贸易和国内商业需要钱庄资金的融通，买办自设钱庄既可获信于洋行，又便于向外国银行拆借款项。因此买办资本广泛地投放于金融业领域，敦裕洋行买办严兰卿在上海、苏州就经营了七八家钱庄。20 世纪以来，买办资本不仅大量投资钱庄，更大量投资新式银行，严信厚、朱葆三、叶揆初、虞洽卿、陈光甫等人都为"江浙财团"的形成起了重要作用。

中国的航运业继轮船招商局以后，私人航运也逐渐发展。著名的荷兰银行买办虞洽卿除了倡设四明储蓄银行、三北机器厂外，还经营着宁绍轮船公司、三北轮船公司、鸿安商轮公司以及仓库码头的储蓄、装运业等。

洋行往往与租界相联系，从事房地产经营和投机是其一项重要业务，买办遂厕身其间相谋其利。立兴洋行和东方汇理银行买办刘人祥，在汉口租界

---

① 章有义等. 旧中国的资本主义生产关系 [M]. 北京：人民出版社，1977：39.

② 郝延平. 十九世纪的中国买办——东西间的桥梁（中译本）[M]. 上海：上海社会科学院出版社，1988：164～165.

③ 上海市工商行政管理局. 关于上海洋行买办的调查初稿. 1964 年复写本. 许涤新、吴承明. 中国资本主义发展史（第二卷）[M]. 北京：人民出版社，1990：180.

外收买大片土地，使沼泽之地"整理为繁盛之街地，用致巨万之富"①。徐润在房地产方面下的赌注更大，从 19 世纪 60 年代开始，他在上海广置房产，遍及外滩四马路直至十六铺码头一带，造架房屋 3 800 余间，每月收租 2 万余两；另外置地 3 000 多亩，共合计成本 223 万两，到 1883 年他的地产估值 1 500 多万两，增值 7 倍②。笼统估计，20 世纪以前全国用于房地产的投资约 4 000 万元，合 3 000 万两③。

从 1920 年开始，随着买办制度的革新，买办势力逐渐衰弱。但这时，买办资本作为民族资本的一个重要组成部分已经广泛地渗透到中国经济生活的各个领域。买办收入作为对外贸易行为利得已经基本完成了中国现代经济增长前期资本形成阶段的使命，从此以后，日益增大的国有和民营的现代金融势力开始走上了历史的前台。

---

① 汪敬虞. 中国近代工业史资料（第 2 辑）[M]. 北京：科学出版社，1957：962.
②③ 许涤新、吴承明. 中国资本主义发展史（第二卷）[M]. 北京：人民出版社，1990：178.

致　谢

感谢我曾经进行教学和研究工作的广东外语外贸大学各个部门（经济贸易学院、国际经贸研究中心）提供的研究条件。

感谢教育部人文社科项目（11YJA790201）的研究支持。

感谢河北农业大学经贸学院张辰利副教授的研究协助，本书"加工贸易的本质：产业链和生产要素的分析视角"一章是我们两人共同完成的。

袁　欣

2019 年 8 月